Política e literatura
Antonio Gramsci e a crítica italiana

Política e literatura
Antonio Gramsci e a crítica italiana

DANIELA MUSSI

Copyright© 2014 Daniela Xavier Haj Mussi

Grafia atualizada segundo o Acordo Ortográfico da Língua Portuguesa de 1990,
que entrou em vigor no Brasil em 2009.

Publishers: Joana Monteleone/Haroldo Ceravolo Sereza/Roberto Cosso
Edição: Joana Monteleone
Editor assistente: João Paulo Putini
Projeto gráfico e diagramação: Ana Lígia Martins
Assistente acadêmica: Danuza Vallim
Capa e revisão: João Paulo Putini
Assistente de produção: Gabriel Patez Silva
Imagem da capa: Portrait of Antonio Gramsci around 30 in the early 20s.

CIP-BRASIL. CATALOGAÇÃO NA PUBLICAÇÃO
SINDICATO NACIONAL DOS EDITORES DE LIVROS, RJ

M977p

Mussi, Daniela Xavier Haj
POLÍTICA E LITERATURA: ANTONIO GRAMSCI
E A CRÍTICA ITALIANA
Daniela Xavier Haj Mussi. - 1. ed.
São Paulo : Alameda, 2014
188 p. ; 21 cm

Inclui bibliografia
ISBN 978-85-7939-238-2

1. Grasmci, Antonio, 1891-1937.
2. Ciência política - Filosofia. I. Título.

13-06993 CDD: 320.01
CDU: 321.1

ALAMEDA CASA EDITORIAL
Rua Conselheiro Ramalho, 694 – Bela Vista
CEP: 01325-000 – São Paulo, SP
Tel.: (11) 3012-2400
www.alamedaeditorial.com.br

Sumário

Prefácio 7

Retornar a Antonio Gramsci 15

1. A questão literária e a formação dos Estados nacionais 27

Os intelectuais 48

2. Francesco De Sanctis: crítica da "Itália literária" 61

Crítica do *Risorgimento*: escola liberal e escola democrática 75

3. Benedetto Croce e a crítica literária dos "distintos" 89

De Sanctis sob o revisionismo crociano 104

4. "Retorno" gramsciano à literatura *nacional-popular* 119

O "jacobinismo italiano" 134

O AntiCroce: classes subalternas, literatura e política 151

Referências bibliográficas 173

Prefácio

Fabio Frosini
Professor da Universidade de Urbino (Itália)

Em 19 de março de 1927, Antonio Gramsci escreveu à cunhada Tatiana Schucht: "Estou assolado (este é um fenômeno próprio dos encarcerados, penso) por esta ideia: que seria necessário fazer alguma coisa 'für ewig', segundo uma complexa concepção de Goethe, que recordo ter atormentado muito nosso Pascoli. Em resumo, pretendo, segundo um plano pré-estabelecido, me ocupar intensamente e sistematicamente de algum tema que me absorva e centralize minha vida interior" (GRAMSCI, 1996, p. 55). Sobre esta carta, na qual o prisioneiro anuncia pela primeira vez o projeto de um trabalho orgânico, a ser realizado no cárcere, muito foi escrito, sobretudo na tentativa de decifrar o significado da dupla menção a Goethe e a Pascoli, sob a marca do "für ewig".[1] Na verdade, para além do possível significado desta alusão, a carta é importante porque nela, pela primeira vez desde o momento em que fora preso, Gramsci reúne as ideias e tenta organizar um

---

[1] Ver Fabio Frosini (1997, p. IX-LVI; XXI-XXIV; 2011, p. 17-39); Giovanni Mastroianni (1979, p. 63-71; 2003, n. 1, p. 206-231; 225-227); Giancarlo Schirru (2007); Joseph Francese (2009, p. 54-66); Giovanni Mastroianni (2011, p. 188-210; 193-194; 205-206).

possível plano de trabalho que será, posteriormente, em grande parte efetivamente desenvolvido.

E isto Gramsci fez, é preciso notar, à luz de duas questões que aparecem sob um ângulo absolutamente dominante: Benedetto Croce e o conceito de povo. O filósofo é apontado como ponto de referência crítica para o primeiro e principal dos temas elencados: "uma pesquisa sobre a formação do espírito público na Itália do século passado; em outras palavras, uma pesquisa sobre os intelectuais italianos, suas origens, seu agrupamento segundo correntes de cultura, suas diversas formas de pensar, etc., etc." (*idem, ibidem*, p. 55-56). E Gramsci continua: "Lembra o rápido e superficial escrito meu sobre a Itália meridional e sobre a importância de B. Croce? Então, pretendo desenvolver amplamente as teses que esbocei ali, agora de um ponto de vista 'desinteressado', 'für ewig'" (*idem, ibidem*, p. 56).

O segundo tema é, como já mencionado, o "povo nação", uma formulação que a esta altura ainda está ausente (Gramsci a introduzirá apenas no *Caderno 3*). Por sua vez, ele usa a expressão "espírito popular criativo", de matriz romântica e hegeliana (*Volkgeist*), que, no entanto, reelabora por meio do pensamento de Benedetto Croce: "o espírito popular criativo, em suas diversas fases e graus de desenvolvimento, está na base destes [dos temas elencados] em medida igual" (*idem, ibidem*, p. 57). Aqui Gramsci usa a teoria da expressão anunciada por Croce na *Estética*, segundo a qual entre a arte e a língua existe uma diferença quantitativa, mas não qualitativa, por que entre ambas existe, da mesma maneira, formas de "expressão", de expressividade, de criatividade.

Desde a juventude, Gramsci havia tirado deste axioma crociano uma série de consequências, que não tinham relação com a intenção com a qual Croce o havia enunciado. Entre essas consequências, estavam o critério da difusão em escala de massa de uma certa ideia, como índice de sua validade, e a reivindicação, para o povo, da capacidade de produção cultural autônoma. Exatamente aqueles conceitos "popular" e "expressividade", que Croce havia usado para revigorar a cultura – reduzindo a diferença social à mera questão "psicológica" –, passavam a ser colocados por Gramsci no terreno político com o objetivo de evidenciar como a toda capacidade, enquanto princípio de expressividade, corresponde sempre uma real diferença, dadas as condições de poder, o desequilíbrio na distribuição da riqueza e, portanto, do saber, e assim por diante.

Na carta de 1927, como dito, o conceito de "povo nação" ainda estava ausente. Quando Gramsci o introduz, nos *Cadernos do Cárcere*, não o fará de maneira a se desviar de uma linha traçada anteriormente: de fato, "povo nação" (e o adjetivo correspondente, "popular nacional" ou "nacional popular"), como foi notado,[2] é extraído por Gramsci da palavra russa *narodnik*, que significa, ao mesmo tempo, *popular* e *nacional*: indica o povo não como ideal abstrato ou mito, mas como "massa popular" de estratos subalternos, e nesta massa dos subalternos destaca a realidade da nação, também esta entendida não como mito (como no discurso nacionalista), mas como articulação histórica concreta de uma unidade linguística e de cultura. O conceito de "povo nação" reassume, portanto, nos *Cadernos*, o projeto enunciado na carta de 1927, de reler a história nacional (em si mesma e em suas relações internacionais) seguindo o método de constante aproximação das categorias teóricas ao terreno da política, de maneira a destruir sua presumida universalidade, para reivindicar, *do ponto de vista dos subalternos*, uma nova forma de universalidade, desta vez ligada à política e inseparável desta.

---

2 Cf. Maria Bianca Luporini (1995, p. 43-51); Giancarlo Schirru (2009, p. 239-253).

12 DANIELA MUSSI

A conexão entre cultura e política, entre as categorias universais e os processo reais, que busquei definir até aqui, está no centro do livro de Daniela Mussi, que não por acaso tem seu ponto de partida nesta carta de 19 de março de 1927. Seguindo o traçado possível a partir desta carta, Daniela mostra como em todos os *Cadernos do Cárcere*, até mesmo nos últimos enunciados (1934) do *Caderno 21* (*Problemas da cultura nacional italiana. 1º Literatura popular*) e do *Caderno 23* (*Crítica literária*), permanece constante na pesquisa de Gramsci a ideia de que a literatura e, em particular, a noção de "artisticidade" e aquela a ela ligada de "crítica literária", adquirem seu *verdadeiro* significado apenas se posicionados na política, relidas à luz da história *real*, do "povo nação" real, historicamente concreto.

De maneira extremamente convincente, Mussi demonstra assim que não é possível compreender o significado profundo do interesse de Gramsci pela literatura de apêndice e pela atividade dos escritores na história recente da Itália se esta série de temas for separada daqueles propriamente teóricos, em particular da crítica á filosofia de Benedetto Croce. Antes, é própriamente no confronto com a estética e com a teoria crociana da poesia que a noção de "literatura", como usada por Gramsci, recebe o seu significado pleno. De fato, apenas levando em conta o confronto com a filosofia do espírito é possível compreender o significado da distinção entre valorização estética e valorização política de uma obra de arte, feita pelo próprio Gramsci. Este reconduz, assim, gradualmente a inteira atividade teórica de Croce – seja como filósofo, seja como teórico da história ou da poesia – a um dominante culto da "forma" como vitória sobre o conteúdo, como "catarse" com relação ao tumulto da vida prática. Mas esta vitória, que exprime a hegemonia burguesa sobre outras forças sociais, na medida em que se isola sempre mais de suas premissas, mostra também os limites desta hegemonia: "substituída por uma fase na qual a serenidade e indulgência são quebradas, e aflora a animosidade e a raiva reprimida: é defensiva, não agressiva e fervorosa" (GRAMSCI, 1975, p. 426).

Sobre isto, Mussi mostra de maneira convincente como a figura de Francesco De Sanctis é decisiva para compreender a posição de Gramsci. Não tanto pelo "retorno a De Sanctis" invocado em 1933 por Giovanni Gentile, mas por que De Sanctis fora "filtrado" por Croce, por isso, apenas atravessando novamente Croce, era possível apropriar-se novamente da herança da burguesia progressiva italiana. Mais uma vez, reflexão histórica, questão literária e crítica filosófica não podem estar separadas da dimensão política. A política não é para Gramsci – como é para Croce – o terreno no qual se luta pela utilidade imediata, mas, de maneira totalmente irredutível, o terreno no qual as forças sociais em conflito lutam para estabelecer a *verdade*, ou seja, a potência de suas respectivas posições. Nesta luta, a literatura – e, de maneira geral, a cultura – ou seja, a luta por uma nova cultura e uma nova literatura, cumpre um papel não instrumental, mas sim constitutivo.

Ainda que Gramsci nem sempre se mostre seguro de si neste terreno, já que – especialmente no início – permanece preso a uma apreensão acrítica da noção crociana de "distinto" (e, por isso, de distinto "artístico"), como nos mostra Mussi em seu livro, todo o seu esforço, toda a sua elaboração, caminham na direção de redefinir a partir de uma perspectiva própria – ou seja, da perspectiva dos grupos sociais subalternos, do "povo nação" como novo protagonista da história da Itália – todos os conceitos com os quais trabalha. Deste ponto de vista, parece significativa uma passagem do *Caderno 14*, na qual não parece ocasional o retorno, em um contexto diverso e renovado, do mesmo conceito de "desinteresse" presente na carta de março de 1927:

Quando a arte, especialmente em suas formas coletivas, é dirigida para criar um gosto de massa, a elevar este gosto, não é "industrial", *mas desinteressada, ou seja, arte*. Me parece que o conceito de racionalismo na arquitetura, ou seja, de "funcionalismo", seja muito fecundo de consequências de princípios de política cultural; não é casual que este tenha nascido nestes tempos de "socialização" (em sentido amplo) e de intervenção de forças centrais para organizar as grandes massas contra os resíduos de individualismo e de estética do individualismo na política cultural (*idem, ibidem*, p. 1725, grifo meu).[3]

---

3 Ver também Gramsci (1975, p. 1655): "Luta contra o seiscentismo estético que é caracterizado pela predominância do elemento externamente decorativo sobre aquele 'funcional' mesmo em sentido amplo, ou seja de função na qual está compreendida a 'função estética'".

Retornar a Antonio Gramsci

A consolidação dos estudos sobre Antonio Gramsci (1891-1937) no Brasil tem uma história relativamente recente, marcada pelos debates do período da transição democrática na década de 1980 e pela transferência paulatina, já desde a década de 1970, das interpretações sobre a obra do marxista sardo dos círculos intelectuais ligados ao Partido Comunista Brasileiro (PCB) para o ambiente universitário (cf. COUTINHO, 1989, p. 161; cf. BIANCHI, 2011, p. 135ss.). Esta consolidação coincidiu com o acirramento da repressão pela ditadura militar no Brasil a partir de 1968 (BIANCHI, 2007, p. 8). Como consequência, surgiram pesquisadores e grupos de investigação acadêmicos especializados nos mais diversos temas na obra do marxista sardo: partidos políticos, intelectuais, escola integral, mito, bloco histórico, jacobinismo, questão da subalternidade e classes subalternas, questão agrária, revolução passiva, hegemonia, Oriente e Ocidente, religião, americanismo e fordismo, reforma intelectual e moral, filosofia da práxis, literatura nacional-popular etc.[1]

---

1   Embora a difusão dos estudos monográficos gramscianos só se dê efetivamente nos anos 1990, é interessante notar que, desde o final dos anos 1960, já havia no ambiente universitário brasileiro algumas iniciativas de interpretação e principalmente aplicação dos conceitos dos *Cadernos do Cárcere*. Em especial, vale destacar as iniciativas levadas a cabo por diferentes intelectuais

18 DANIELA MUSSI

Por meio destas iniciativas, e em sintonia com a ampliação e diversificação do mercado editorial brasileiro a partir dos anos 1990, foi difundida uma variedade incrível de interpretações no interior dos estudos gramscianos, o que contribuiu para a consolidação deste como um amplo e heterogêneo campo de pesquisa. Hoje, todo pesquisador iniciante logo enfrenta dificuldades, especialmente ao se deparar com a avalanche de significados atribuídos, argumentos consolidados e sensos comuns estabelecidos por, pelo menos, três ciclos de estudos na área no Brasil.[2] Ao mesmo tempo, precisa lidar com uma metodologia

---

do eixo Rio de Janeiro-São Paulo: Oliveiros S. Ferreira, Francisco Weffort, Fernando Henrique Cardoso, Miriam Limoreiro Cardoso, Werneck Vianna, Sérgio Micelli, Demerval Saviani, Miriam Limoeiro Cardoso, Edmundo F. Dias, Otávio Ianni, Edgar de Decca, Evelina Dagnino, entre outros (cf. BIANCHI, 2007).

2   Em 1989, um dos principais tradutores de Gramsci para o português, Carlos Nelson Coutinho, mencionou, em um artigo de revisão bibliográfica, a existência de "ciclos" da circulação das ideias gramscianas no Brasil. O primeiro, entre 1960 e 1975, se caracterizou pela tradução e debate sobre os *Cadernos do Cárcere* entre os intelectuais ligados ao Partido Comunista Brasileiros no qual o tema da cultura e literatura adquiriram bastante importância. O segundo, entre 1975 e 1980, marcou a "entrada definitiva" de Gramsci no ambiente intelectual brasileiro, fato que Coutinho associava à sua apropriação pelos professores e pesquisadores acadêmicos, no contexto dos debates sobre democracia (COUTINHO, 1989, p. 159-161). Cabe lembrar que é de 1979 a publicação de seu famoso ensaio, *A democracia como valor universal,* em que Gramsci é posicionado como parte de uma tradição "socialista democrática". Um terceiro ciclo, implícito, sinaliza a transferência completa dos estudos gramscianos para o plano universitário no início dos anos 1990. Um exemplo importante se deu em 1996, quando um conjunto de intelectuais publicou um livro que, não por acaso, tinha como nome *O outro Gramsci* (cf. DIAS, 1996). Neste, cuja organização foi comandada por Edmundo Dias, a leitura de Coutinho é frontalmente contrastada, para dar início a uma nova onda de estudos, caracterizada pelo tema da revolução em Gramsci. Em artigo de revisão bibliográfica mais recente, Alvaro Bianchi menciona a difusão dos "estudos monográficos" sobre Gramsci desde então, seguindo a lógica de

POLÍTICA E LITERATURA   19

de trabalho cujas ferramentas são bastante hostis ao tempo disponível para pesquisa. Atualmente, para a pesquisa sobre o pensamento de Gramsci nos *Cadernos do Cárcere*, é insuficiente conhecer apenas o texto e as fontes às quais o texto se refere: na medida em que se reconhece que os textos carcerários de Gramsci não compuseram uma "obra acabada", sua compreensão rigorosa exige a exploração do contexto, bem como a restauração do ritmo de trabalho e do universo intencional do autor. Em outras palavras, exige conviver com as vicissitudes de uma investigação intelectual que possuía uma perspectiva de longo alcance (*für ewig*), ao mesmo tempo em que sofreu com as condições de vida na prisão fascista.

Para o estudo do tema da literatura e crítica literária nos *Cadernos*, condensados pelo marxista especialmente em dois cadernos inacabados (*Cadernos 21 e 23*), levar em conta essas ressalvas foi muito importante.[3] As primeiras interpretações sobre o tema foram levadas a cabo pela geração intelectual italiana de meados da década de 1940, responsável também pelas primeiras iniciativas de difusão das *Cartas* – apreciadas nesta época como obra de arte[4] – e de antologias temáticas dos *Cadernos do Cárcere*. Alguns dos importantes registros destes

---

especialização disciplinar universitária, que passa, porém, a apresentar um intelectual fragmentado em "sociólogo", "cientista político", "crítico literário" etc. (BIANCHI, 2011, p. 142). Apesar disso, apresenta o que poderia ser chamado de "novo ciclo" dos estudos sobre Gramsci no século XXI, quando se dá uma "nova onda de estudos" a partir da publicação da nova edição dos *Cadernos do Cárcere* entre 1999 e 2002.

3   No Brasil, embora os escritos sobre literatura e crítica literária tenham ajudado a consolidar uma interpretação de Gramsci como teórico da cultura, este tema dos *Cadernos do Cárcere* não foi, até aqui, estudado em profundidade. Neste campo, cabe destacar suas influências sobre as ideias de Antonio Candido e Otto Maria Carpeaux (ver BIANCHI, 2011, p. 132-133).

4   Depois de sua publicação, em 1947, as *Cartas do Cárcere* mereceu o Prêmio *Viareggio*, um dos mais importantes da literatura italiana.

intelectuais sobre o tema da "literatura e vida nacional" nos *Cadernos* podem ser encontrados na revista *Rinascita* (1944-1991), do Partido Comunista Italiano (PCI), especialmente no período em que esteve sob direção editorial de Palmiro Togliatti, do seu surgimento, em 1944, até a morte deste dirigente comunista, em 1964.

Na *Rinascita*, a publicação de resenhas a respeito do pensamento literário de Gramsci foi realizada especialmente a partir de 1951, quando foi publicado pela primeira vez *Letteratura e Vita Nazionale*, volume que reunia uma antologia das notas e parágrafos sobre literatura e crítica literária dos *Cadernos*. Por meio de uma interpretação que aproximava Gramsci de outro intelectual marxista cuja reflexão sobre o tema da literatura se tornou importante, Georg Lukács, estes intelectuais destacavam as críticas realizadas nos *Cadernos* à estética do filósofo napolitano Benedetto Croce. O objetivo era posicionar o marxista sardo como um expoente do contexto literário italiano, como um fundador de uma nova escola crítica, em oposição ao "filósofo burguês". Gramsci aparecia como o "marxista mais genial e preparado que já houve na Itália", o qual, ao tratar o tema da literatura, sobre o qual os marxistas eram tradicionalmente "insensíveis", teria conseguido penetrar em um campo que há mais de quarenta anos era dominado pelo sistema crociano de pensamento (SALINARI, 1951, p. 85).

Nas décadas seguintes, é possível encontrar, ainda, interpretações que vão em sentido oposto, como crítica do julgamento positivo feito por Gramsci de representantes do pensamento literário do período da unificação italiana e caracterização da reflexão sobre literatura nos *Cadernos* como "populista". Gramsci passa a ser visto, aqui, como um dirigente político que escreveu sobre literatura com a preocupação pragmática de "tocar as massas". Aqui, o sardo teria recuperado os intelectuais da tradição filosófica italiana *ottocentesca* (especialmente Francesco De Sanctis), para colocar o problema das relações entre literatura e vida nacional como uma questão de "renovação" literária pertinente às tarefas dos comunistas. O "populismo" aparecia como resultado de uma moderação política assumida por Gramsci, na qual a revolução como uma tarefa "de classe" era reformada e passaria a ser um grande *fatto di popolo*, cujo universo literário deveria ser defendido e estimulado acriticamente (ASOR ROSA, 1988, p. 173). Na Itália, a acusação de "populismo" gramsciano se fortaleceu especialmente a partir do final da década de 1960 e coincidiu com o acirramento da crítica ao stalinismo e ao PCI por parte da intelectualidade italiana. Interessante notar que essa interpretação "pragmática" da questão literária em Gramsci também teve espaço no ambiente intelectual latino-americano, de maneira indireta, por meio de uma leitura positiva de afirmação do papel do intelectual em conhecer a "cultura das massas" para aproximar-se "organicamente" delas (cf. COUTINHO, 1989; cf. ARICÓ, 1989).

A partir da década de 1970, surgiu uma nova geração de intérpretes, nascida a partir dos impasses ligados à metodologia de estudo dos *Cadernos*, e esta foi responsável por difundir na península ensaios e monografias que propunham um Gramsci "não alinhado" com o PCI e com o stalinismo. Ao mesmo tempo, parte dessa nova onda crítica passou a valorizar o pressuposto da autonomia dos conceitos vinculados ao mundo da literatura, cultura, artes etc., especialmente o conceito de hegemonia, que aparecia, agora, em detrimento da reflexão marxista e, até mesmo, política (cf., por exemplo, LO PIPARO, 1979).

O curioso é que, apesar das discrepâncias nas interpretações sobre a questão literária em Gramsci ao longo desses quase 40 anos, a maior parte das investigações assumiu como método de investigação comum o pressuposto do "caráter acabado" das formulações dos *Cadernos*; isso como se o marxista tivesse de fato publicado seus escritos, redigido uma versão final estruturada para o público. A leitura atenta do texto era considerada suficiente para afirmar filiações, rejeições, inflexões.

A partir do final dos anos 1990, porém, a especialização dos estudos gramscianos abriu a possibilidade de se pensar o ponto de vista de uma história do pensamento político em Gramsci.[5] Esta teve consequências sobre o desenvolvimento da noção de *tradutibilidade das linguagens científicas* presente nos *Cadernos* e as pesquisas passaram a se afastar da metodologia da "leitura atenta" para pensar os escritos carcerários como formação de um "léxico temático cristalizado em uma temporalidade e ritmo próprios" (BIANCHI, 2008, p. 33; cf. BARATTA, 2004). Afinal, não bastava recorrer apenas ao sentido explícito no texto, mas sim retornar sempre à ideia dos *Cadernos* como "transcrição de uma experiência dramática de luta por uma nova cultura, vivenciada pessoalmente, mas com olhar voltado para as 'necessidades' de um grande público" (BARATTA, 2004, p. 141).

Gramsci, afinal, havia escrito na prisão visando o "público", buscava ser "interpretado", traduzido.[6] Porém, para tal, era preciso assumir o desafio de compreensão dos *Cadernos*, cujas indicações de seu começo, meio e fim eram pouco sistemáticas, os quais eram compostos por muitos fragmentos de texto – notas, parágrafos, advertências. Este "desafio" fora, além disso, indicado pelo próprio autor ao indicar "questões de método" no *Caderno 16*:

---

5   Esta história passou a ser pesquisada levando em conta também o período pré-carcerário, especialmente a experiência do periódico *L'Ordine Nuovo* e da constituição do Partido Comunista Italiano (cf. DIAS, 2000; DEL ROIO, 2005; SCHLESENER, 2002 e 2007; SECCO, 2006).

6   Essa nova onda de estudo passou, também, a dar destaque às preocupações de Gramsci em desenvolver, do ponto de vista marxista, os aspectos "linguísticos" da história, cultura e política (BOOTHMAN, 2004).

POLÍTICA E LITERATURA   23

> Se se quer estudar uma concepção de mundo que nunca foi exposta sistematicamente por seu fundador (e cuja coerência essencial se deve buscar não em cada escrito particular ou série de escritos, mas em todo o desenvolvimento do variado trabalho intelectual em que os elementos da concepção estão implícitos), é preciso fazer preliminarmente um trabalho filológico minucioso e conduzido com escrúpulos máximos de exatidão, de honestidade científica, de lealdade intelectual, de ausência de qualquer preconceito e apriorismo ou posição preconcebida (Q. 16, §2, p. 1840-1841).[7]

Com base nesta e em outras passagens semelhantes, os estudiosos passaram a reforçar, cada vez mais, a ideia de que os *Cadernos* não são um manual de consulta, uma aula de anatomia ou uma tabela estatística: se assemelham, em seu conjunto, mais a um percurso de ideias, reflexões, inflexões, descobertas e projetos. Sob esse ponto de vista metodológico, a pesquisa sobre o pensamento gramsciano passou a enfrentar uma série de enigmas.

Inserido neste novo contexto, o presente livro busca enfrentar especificamente a reconstrução da reflexão sobre literatura e crítica literária nos *Cadernos do Cárcere*. Para tal, procura demonstrar inicialmente o aspecto "fortuito" da literatura popular como tema de reflexão para Gramsci na prisão. Nas cartas escritas quando estava preso, em especial a Tania Schucht, sua cunhada, Gramsci declarou seus estudos como parte de um esforço para conviver com a situação de

---

7   As passagens dos *Cadernos do Cárcere* estão citadas de acordo com a paginação da edição crítica organizada por Valentino Gerratana (1975). A citação é apresentada da seguinte forma: Q.(número do Caderno), § (número do parágrafo), p. (número da página).

24 DANIELA MUSSI

isolamento na qual se encontrava (LC, p. 253-254).[8] A literatura popular que encontrava na biblioteca da prisão em Milão foi, para tal, uma das primeiras "fontes" de leitura e reflexão de Gramsci, além do estudo de línguas, história, geografia e economia, possíveis pela participação em cursos de formação para outros presos (LC, p. 22 e 30).

Em seguida, o livro desenvolve a ideia de que os temas da literatura e crítica sofreram mudanças ao longo do tempo nas intenções e planos de pesquisa sistematizados por Gramsci na prisão. Esta se deveu, em grande parte, como consequência das dificuldades técnicas e psicológicas de Gramsci em conduzir a termo seus estudos ao longo dos anos.[9] Os planos de pesquisa no cárcere, anunciados por Gramsci nas *Cartas* em março de 1927, em fevereiro e março de 1929 e no *Caderno 8* em 1930 e 1932, incluíam ainda o estudo da "questão literária" italiana, compreendida como o desenvolvimento cultural e político desigual da nação italiana combinado com sua inserção continental desde o Renascimento. O resultado do desenvolvimento deste tema como pesquisa monográfica, que incluiria a conexão da literatura com aspectos da vida econômica, política, cultural e científica, Gramsci nunca escreveu.

Apesar disso, a pesquisa mostra que Gramsci pretendia compreender os conflitos de seu próprio tempo, da Itália sob o fascismo, a partir da reconstrução da origem dos problemas que"obcecavam os intelectuais" italianos desde o *Risorgimento*, entre eles a questão da

---

8   Na presente dissertação, as *Cartas do Cárcere (Lettere dal Carcere)* de Gramsci estão citadas a partir da edição organizada por Sergio Caprioglio e Elsa Fubini (1973) da seguinte forma: (LC, p. x).

9   Com base no estudo das *Cartas*, articuladas ao escritos dos Cadernos, Fabio Frosini realizou uma reconstrução do ritmo da pesquisa e reflexão de Gramsci do período em que esteve preso. Essa interessante reconstrução procurou reaproximar a pesquisa e a reflexão teórica da difícil e degradante experiência de vida do marxista na prisão fascista (cf. FROSINI, 2003).

"popularidade" dos romances de apêndice e dos folhetins na Itália (cf. Q. 21, §1). Gramsci recuperava especialmente os problemas colocados pelos intelectuais do período da unificação italiana, mas o tratamento rigoroso desse conjunto de problemas permitiria compor um programa político alternativo ao das classes dominantes e seus representantes.

Como consequência, a "questão literária" italiana era também a questão da histórica separação entre intelectuais e povo; e a literatura, as artes, a crítica literária e as ciências linguísticas adquiriam um lugar no pensamento gramsciano como elementos para crítica da cultura italiana. Contrariamente ao senso comum, a pesquisa levada a cabo por Gramsci sobre a literatura italiana não possuía natureza "sociológica", mas era resultado de um "olhar monográfico" sobre os problemas da história italiana, articulado à necessidade de pensar politicamente a cultura e a literatura (cf. Q. 21, §1, p. 2109).

Na reconstrução da polêmica com Benedetto Croce nos *Cadernos*, Gramsci pensou a literatura e a crítica literária de um ponto de vista político-pedagógico – certamente não "populista" –, retomado para tal de uma interpretação original do crítico Francesco De Sanctis. Para Gramsci, De Sanctis pensava a "questão literária" com vistas a orientar a formação de novos e melhores dirigentes político críticos e, ao mesmo tempo, como crítica da tradição cosmopolita da vida intelectual italiana e do folclore e subalternidade comum às massas oprimidas. Ao atualizar as ideias do crítico *ottocentesco*, Gramsci colocava a necessidade de superar a degradada formação do Estado nacional-popular Italiano, esmagado em suas mais altas pretensões pela restauração política da tradição cosmopolita entre os intelectuais, por um lado, e pelo caráter reacionário do Estado fascista, por outro.

***

Este livro é resultado da pesquisa de mestrado inicialmente intitulada "Política e literatura nos *Cadernos do Cárcere* de Antonio Gramsci", realizada por mim entre 2009 e 2011 no Programa de Pós-Graduação em Ciência Política da Universidade Estadual de Campinas (Unicamp). Mesmo antes disso, porém, desde 2008, meu contato com o pensamento de Gramsci foi possível por meio da participação no Grupo de Pesquisa Marxismo e Pensamento Político (GPMPP), associado ao Centro de Estudos Marxistas da Unicamp (Cemarx).

Registro agradecimento ao Conselho Nacional de Desenvolvimento Científico e Tecnológico (CNPq) e à Fundação de Amparo à Pesquisa do Estado de São Paulo (Fapesp) pelos dois anos de financiamento, sem os quais essa pesquisa não teria sido realizada. Agradeço, ainda, em especial: a Rachel Meneguello, professora do Departamento de Ciência Política da Unicamp, pelas valorosas sugestões metodológicas; a Walquíria Leão Rego, professora do Departamento de Ciência Política da Unicamp, pelos comentários precisos sobre cultura e história da Itália; e a Maria Betania Amoroso, professora do Departamento de Teoria e História Literária da Unicamp, pela disposição em ler e criticar uma pesquisa que não pertence ao universo tradicional de pesquisa sobre literatura e crítica literária.

Gostaria de registrar o papel desempenhado pelo Alvaro Bianchi, professor do Departamento de Ciência Política da Unicamp, como orientador dessa pesquisa, leitor atento de tantas versões do texto, por suas críticas e sugestões valiosas. Não poderia deixar de agradecer, ainda, ao Fabio Frosini, professor de Filosofia da Universidade de Urbino, pelos comentários e críticas ao meu trabalho e, principalmente, pela disposição em fortalecer a interlocução entre os jovens pesquisadores brasileiros e a investigação de ponta realizada sobre Antonio Gramsci hoje na Itália.

1. A questão literária e a formação dos Estados nacionais

Antonio Gramsci foi preso pelo regime fascista em 8 de novembro de 1926, em Roma, depois de tentar – sem sucesso, dada a repressão policial – viajar a Gênova em 31 de outubro para uma reunião com um representante da Internacional Comunista que estava na Itália. Já nos primeiros meses de prisão, enviou cartas à cunhada Tania Schucht em que pediu que lhe fossem enviados, além de uma gramática alemã, um livro sobre linguística (*Breviario di Linguistica*, de Giulio Bertoni e Matteo G. Bartoli), uma edição popular da *Divina Commedia* de Dante Alighieri, a "história da literatura italiana de Vossler" etc. (LC, p. 3 e 12). Em carta escrita em 9 de dezembro de 1926, estabeleceu seu primeiro "programa" de sobrevivência no cárcere: "1° Estar bem para ficar sempre melhor de saúde; 2° Estudar a língua alemã e russa com método e continuidade; 3° Estudar história e economia" (LC, p. 10). O estudo das línguas, de linguística e de literatura, os exercícios de tradução e a reflexão sobre a história e economia eram ainda pouco definidos, faziam parte da expectativa mais geral de conviver de maneira equilibrada com o encarceramento, "um novíssimo período em minha existência molecular" (LC, p. 11).

Nesse período, Gramsci não imaginava que sua permanência na prisão fascista poderia chegar a cinco anos – pena da primeira condenação, que depois foi elevada para vinte anos – muito menos durar mais de dez anos, como de fato ocorreu. Até chegou a considerar, ironicamente, que o "repouso absoluto" da prisão poderia ajudar a recuperar a saúde que os anos anteriores de militância haviam deteriorado (LC, p. 12).[1] Os estudos funcionariam como antídoto contra o tédio que as primeiras semanas de vida na prisão já provocavam e contra o "embrutecimento intelectual" gerado pelo isolamento (LC, p. 13). A viabilização desses estudos no cárcere foi parcialmente resolvida quando o amigo Piero Sraffa, em dezembro de 1926, abriu uma conta ilimitada na livraria Sperling & Kupfer de Milão, na qual o prisioneiro poderia solicitar livros, revistas e jornais (LC, p. 23 e 33). Além disso, nesse período Gramsci se tornou responsável por dirigir a "seção histórico-literária" de um curso de formação que foi iniciado na prisão da ilha de Ustica com outros trinta presos políticos que ali se encontravam, e do qual foi professor de história e geografia e aluno do curso de alemão (LC, p. 22 e 30).

Alguns meses depois, em 19 de março de 1927, em uma conhecida carta a Tania, Gramsci comentou estar com uma ideia fixa: "quero realizar algo 'für ewig' (…) segundo um plano estabelecido, ocupar-me intensa e sistematicamente de qualquer objeto que me absorva e centralize a vida interior" (LC, p. 55). Para isso, havia pensado em quatro objetos até então:

> 1º uma pesquisa sobre a formação do espírito público na Itália do século XIX; em outras palavras, uma pesquisa sobre os intelectuais italianos, suas origens, seus agrupamentos segundo as correntes da cultura (…).

---

[1] Ruggero Grieco afirmou que pouco antes de ser preso, em outubro de 1926, quando escrevia *Alguns temas da questão meridional*, Gramsci "sofria de insônia e manifestava uma exagerada preocupação de não conseguir expressar com clareza o seu pensamento por escrito" (*apud* GRAMSCI, 1987, p. 23n).

POLÍTICA E LITERATURA   31

Lembra daquele meu rapidíssimo e superficial escrito sobre a Itália meridional e a importância de B. Croce? Bem, gostaria de desenvolver amplamente as teses que então esbocei, mas de um ponto de vista "desapaixonado", "für ewig"; 2º Um estudo de linguística comparada! Nada menos. *E que coisa poderia ser mais "desinteressada" e "für ewig" do que isso? Trata-se, naturalmente, apenas da parte metodológica e puramente teórica do argumento.* (...) 3º Um estudo sobre o teatro de Pirandello e sobre a transformação do gosto teatral que Pirandello representou e contribuiu para determinar. (...) 4º Um ensaio sobre romance de apêndice e o gosto popular na literatura. (...) *Na verdade, para quem observe, entre esses quatro argumentos existe homogeneidade: o espírito popular criativo, nas suas diversas fases e graus de desenvolvimento* (LC, p. 57) [grifo meu].[2]

Dentre as intenções de pesquisa que Gramsci passou a nutrir nos primeiros meses de prisão, e sob a incerteza da duração do encarceramento, a literatura popular e as línguas nacionais foram temas que cumpriram papel especial, o que resultou em duas frentes de pesquisa específicas no período em que escreveu os *Cadernos*. O período em que esta carta de março de 1927 foi escrita foi o mesmo em que Gramsci tomou contato com a biblioteca do cárcere San Vittore (Milão):[3] o

---

2   No texto de 1926 citado na carta, "Alguns temas da Questão Meridional", o *Mezzogiorno* italiano foi visto por Gramsci como grande desagregação social, fórmula que se referia tanto à massa camponesa amorfa e desagregada quanto aos intelectuais da pequena e média burguesia rural. Gramsci pensava na existência de um "bloco intelectual" do qual Benedetto Croce fazia parte como o "reacionário mais ativo (operante) da península", em especial para garantir a estabilidade do "bloco agrário" meridional (VOZA, 2009, p. 425).

3   Depois de preso em Roma. Gramsci foi para a prisão da ilha de Ustica, depois enviado para o presídio de San Vittore (Milão) em 7 de fevereiro de 1927 (FROSINI, 2003, p. 24). Posteriormente, em maio de 1928, Gramsci foi

32 DANIELA MUSSI

tema da literatura popular surgia como consequência do contato de Gramsci com os livros disponíveis na prisão e seu interesse se voltava sobre a questão da difusão de determinada literatura – os romances de folhetim e de aventura e especialmente os franceses – na Itália em detrimento de outras.

Para compreender como a literatura popular surgiu como tema de reflexão para Gramsci na prisão, vale a pena reproduzir trechos de uma carta de 22 de abril de 1929, em que este ofereceu conselhos bibliográficos para Malvina Sanna, esposa de Antonio Sanna, um militante do Partido Comunista Italiano que estava preso e para quem esta desejava enviar livros:

> Como fazer para não perder tempo no cárcere e não estudar "qualquer coisa" de "qualquer maneira"? (...) Entre os estudos mais profícuos está aquele das línguas modernas: basta uma gramática (...). Além disso, muitos prisioneiros subvalorizam a biblioteca do cárcere. Certamente as bibliotecas carcerárias, em geral, são desconexas: os livros são recolhidos por acaso, por doação (...) ou por aquilo que é deixado pelos que são libertados. Abundam livros de devoção e romances de terceira categoria. Porém, acredito que um encarcerado político deve tirar leite de pedra. Tudo consiste em saber dar um fim às próprias leituras e saber fazer apontamentos (se for permitido escrever). (...) em Milão li certa quantidade de livros de todos os gêneros, especialmente romances populares (...). Bem, descobri que Sue, Montépin, Ponson du Terrail etc. eram suficientes se lidos desse ponto de vista: "por que essa literatura é sempre a mais lida e a mais publicada? A

---

transferido para o cárcere em Roma e, em julho do mesmo ano, para Turi. Nos sucessivos deslocamentos aos quais foi submetido ao longo dos anos de cárcere, Gramsci esteve preso ainda em Palermo, Nápoles e Florença.

que necessidades ela satisfaz? Quais sentimentos e pontos de vistas são representados nesses livrinhos, para agradar tanto?" (...) Qualquer livro, especialmente de história, pode ser útil para ler (...) especialmente quando se está em nossa condição, e o tempo não pode ser avaliado com uma medida normal (LC, p. 253-254).

No período em que estava em Milão, mencionado na carta de 1929, a literatura não era um tema de pesquisa bem definido e aparecia como objeto de uma investigação possível sobre o desenvolvimento do "espírito popular criativo". Este "espírito", fruto da confluência de uma "veia não secundária da formação intelectual e emocional de juventude" e sua experiência como militante dirigente comunista, era o "objeto próprio" de investigação gramsciana no cárcere (BARATTA, 2004, p. 25). Pensado a partir de pontos diversos, o espírito popular criativo assumia um sentido mais geral e unificado como desenvolvimento da participação dos intelectuais (fossem eles artistas ou ideólogos) na constituição "de um modo comum de sentir e de pensar" que fosse capaz de "unir o 'povo' em um projeto compartilhado e unificante (a 'nação')" (FROSINI, 2003, p. 31-32). Essa reflexão mais geral Gramsci elaborara antes de ser preso e tentava agora, com dificuldade,[4] desenvolvê-la, usando para isso o material que encontrava e conseguia, aos poucos, ter acesso.

Assim, o elemento unificante dos quatro argumentos de pesquisa enunciados em 1927 era "a ótica segundo a qual eram afrontados: *a ótica da formação do Estado-nação e da interação, nesse processo, entre intelectuais e povo*" (*idem, ibidem*, p. 32). Em seu último escrito pré-carcerário, *Alguns temas da Questão Meridional*, essa ótica orientara o

---

4 Em uma carta de 2 de maio de 1927, Gramsci escreveu: "na verdade, estou ciente de que, ao contrário do que sempre pensei, se estuda mal no cárcere, por muitas razões, técnicas e psicológicas" (LC, p. 84).

34 DANIELA MUSSI

reconhecimento por Gramsci da importância das reflexões do filósofo italiano Benedetto Croce sobre esse tema, em especial da ideia de que entre artistas e povo, entre intelectuais e povo, não existe uma distinção qualitativa, mas sim apenas quantitativa (*idem*, *ibidem*). Gramsci considerava essa ideia uma verdadeira ferramenta política, já que a inexistência de uma distinção qualitativa era o que permitia explicitar o conflito que orientava toda reflexão literária até então: por um lado, era possível assumir a literatura popular como objeto de reflexão estética pertinente, por outro, reconhecer a importância do estudo da origem e difusão desta literatura, ou ainda, da formação do gosto literário das classes subalternas italianas.

Em Croce, porém, a ideia de uma "distinção quantitativa" entre intelectuais e povo – entre filósofos e não filósofos – não surgira com vistas à luta política, mas ao contrário, para suprimir qualquer vestígio do conflito político no mundo das ideias. Antes da prisão, a relação de Gramsci com o pensamento de Croce se dava através da crítica, mesmo que ainda não sistemática, da "filosofia dos distintos" deste. Para o marxista, Croce era o "grande intelectual" representante do "bloco agrário meridional, composto pela grande massa camponesa, amorfa e desagregada; os intelectuais da pequena e média burguesia rural e, por fim, os grandes proprietários e os grandes intelectuais" (GRAMSCI, 1987, p. 154).

Como tal, o filósofo napolitano centralizava e dominava, no campo ideológico, todo o conjunto desse bloco de maneira reacionária e voltada para a defesa das grandes propriedades, ainda que se verificasse uma "face democrática" intelectual no sul da Itália, representada pelos intelectuais médios que recebiam seus impulsos da base camponesa (*idem*, *ibidem*, p. 155). Na pesquisa que levaria a cabo na prisão, Gramsci conduziria a termo suas intenções críticas presentes no texto de 1926, e também desenvolveria uma proposta de "retorno", alternativo à interpretação crociana, ao intelectual *risorgimentale* Francesco De Sanctis, do qual Croce se anunciava herdeiro.[5] Além de crítico literário e professor de literatura comparada, De Sanctis cumprira um importante papel como crítico das principais correntes literárias e intelectuais que conduziram a unificação nacional italiana. Com sua crítica, estabelecera um marco analítico que levava em consideração não apenas o universo estético-formal da literatura, mas especialmente o conteúdo cultural que alimentava o processo de composição artística.

Do pensamento desanctisiano, Gramsci resgatou a interpretação democrática de Maquiavel e a reivindicação do estudo literário vinculado ao estudo realista da política, ou seja, como estudo consciente do modo de vida e dos conflitos das classes dominantes e das classes dominadas. Dessa forma, a literatura era retomada em sua articulação com um desenvolvimento teórico mais geral, e a crítica literária passava a ser concebida especialmente como estudo do papel histórico-político

---

5   Especialmente no *Caderno 23 – Crítica literária*, escrito em 1934. Este *Caderno* foi escrito simultaneamente ao *Caderno 21 – Literatura popular*. Composto entre fevereiro e agosto de 1934 por 58 parágrafos "C" (texto de segunda versão) e 1 parágrafo "B" (escritos apenas uma vez). Esse Caderno teve suas fontes majoritariamente nos: *Caderno 1* (21 parágrafos); *Caderno 3* (24 parágrafos); *Caderno 4* (2 parágrafos); *Caderno 6* (6 parágrafos); *Caderno 9* (10 parágrafos) e *Caderno 17* (2 parágrafos) (GERRATANA, 1975, p. 3007-3020). Com exceção dos parágrafos oriundos do *Caderno 17* (escritos em janeiro de 1933) e o parágrafo "B" (Q. 23, § 59), escrito em agosto de 1934, os 56 parágrafos restantes do *Caderno 23* tiveram sua primeira redação na "primeira fase" de produção dos *Cadernos*, assinalada por Frosini (cf. FROSINI, 2003). Interessante notar três períodos que concentraram os parágrafos usados para a redação do *Caderno 23*: junho de 1929 até março de 1930 (redação dos parágrafos do *Caderno 1*); maio de 1930 até dezembro do mesmo ano (redação dos parágrafos dos *Cadernos 3, 6 e 4*); e abril de 1932 até janeiro de 1933 (escritura dos parágrafos dos *Cadernos 9 e 17*) (cf. FRANCIONI, 1984).

das correntes literárias italianas no período da unificação nacional no século XIX.

Filosofia, história e literatura eram fundidas pela política no pensamento de Gramsci e em suas intenções de pesquisa na prisão. O elemento orgânico da pesquisa carcerária era o que coordenava e subordinava a literatura ao estudo da política, convertendo-a na "questão literária" do processo de formação do Estado moderno italiano. Os estudos aprofundados previstos por Gramsci, entretanto, eram impossíveis de serem realizados em 1927 e também em 1928, "não apenas por razões psicológicas, mas também técnicas":

> Para mim é muito difícil abandonar-me completamente a um argumento ou uma matéria e aprofundar-me somente nesta, próprio como se faz quando se estuda seriamente, de modo a recolher todas as relações possíveis e conectá-las harmonicamente (LC, p. 87).

É sabido que entre novembro de 1926 até início de 1929, Gramsci conviveu com um "problema técnico" importante, que o impedia de dar continuidade a seus estudos: a proibição de escrever na cela da prisão. Além disso, já nesses primeiros anos as condições de vida no cárcere provocavam o risco iminente do embrutecimento intelectual que Gramsci, em um primeiro momento, achou possível controlar. Em uma carta[6] de 19 de novembro de 1928, isso fica bem claro:

---

6   Frosini cita outras cartas desse período em que esse tema aparece, como a de 27 de fevereiro de 1928 (LC, p. 181) e de 9 de fevereiro de 1929 (LC, p. 255). Para Frosini, em novembro de 1928 Gramsci já possuía a ideia da "mutação molecular da personalidade", que usaria para explicar, mais tarde, suas precárias condições de vida no cárcere em março de 1933 à cunhada Tania (FROSINI, 2003, p. 24n).

> Essa é uma máquina monstruosa, que esmaga e nivela segundo certa série. Quando vejo agir e sinto falar homens que estão há cinco, oito, dez anos no cárcere, e observo as deformações psíquicas que adquiriram, realmente me arrepio, e sou duvidoso na previsão sobre mim mesmo. Penso que também os outros pensaram (...) de não se deixar absorver e, ao contrário, sem sequer perceberem, já que o processo é lento e molecular, se encontram hoje mudados e não sabem, não posso julgar, por que esses estão completamente transformados. Por certo eu resistirei (LC, p. 236; cf. FROSINI, 2003, p. 24).

Essa situação de dificuldade extrema só seria atenuada no começo de 1929, quando Gramsci, após receber autorização para escrever no cárcere, conseguiu "satisfazer a sua maior aspiração de carcerário" (LC, p. 232). Em 8 de fevereiro de 1929, mais de dois anos após ser preso, Gramsci escreveu as primeiras linhas do conjunto de escritos que viriam a ser conhecidos como *Cadernos do Cárcere*, redigidos até uma data imprecisa de 1935 e composto "por 2 mil anotações, quase todas redigidas no formato de parágrafos (§), além de traduções do alemão e do russo, em 33 cadernos de tipo escolar" (FRANCIONI, 1984. p. 17). O primeiro texto escrito por Gramsci no *Caderno 1* continha um plano de estudos inicial, com dezesseis "argumentos principais" de investigação, número quatro vezes maior do que o contido na carta de março de 1927, citada:

> 1) Teoria da história e da historiografia.
> 2) Desenvolvimento da burguesia italiana até 1870.
> 3) Formação dos grupos intelectuais italianos (...).
> 4) A literatura popular dos "romances" de apêndice (...).
> 5) Cavalcante Cavalcanti (...).

6) Origem e desenvolvimento da Ação Católica (...).

7) O conceito de folclore.

8) Experiência da vida no cárcere.

9) A "questão meridional" e a questão das ilhas.

10) Observações sobre a população italiana (...).

11) Americanismo e fordismo.

12) A questão da língua na Itália (...).

13) O "senso comum" (cfr. 7).

14) Revistas-tipo (...).

15) Neogramáticos e neolinguistas

16) Os sobrinhos do padre Bresciani.

(Q. 1, §0, p. 5)

Em comparação com a carta de 1927, é possível notar um elemento de descontinuidade no primeiro plano de pesquisa dos *Cadernos*, com o enriquecimento temático deste, num processo de diferenciação dos argumentos da pesquisa que fazia "saltar a unidade de fundo do programa de 1927", o interesse crescente e mais abrangente no estudo da história e modo de vida das classes populares (literatura popular, folclore, observações sobre a população, "senso comum" etc.), bem como sua relação com a vida das classes dirigentes e dominantes (questão da língua, formação dos grupos intelectuais, desenvolvimento da burguesia etc.) (FROSINI, 2003, p. 45). Cabe mencionar que o parágrafo seguinte a este só foi escrito alguns meses depois, entre junho e julho de 1929: nesse meio tempo o prisioneiro realizou "exercícios de tradução"[7] para "restabelecer a mão: enquanto coloco em ordem meus pensamentos" (FRANCIONI, 1984, p. 28; LC, p. 253).

Em uma carta enviada do cárcere à cunhada Tania, de 17 de novembro de 1930, Gramsci apresentou a ideia de concentrar sua pesquisa

---

7   De acordo com Francioni, os cadernos de tradução possuem a seguinte datação: *Caderno A* (1929); *Caderno C* (1929-1931); *Caderno B* (1930-1931) (FRANCIONI, 1984, p. 36-37; p. 138). Conferir Gramsci (2007).

POLÍTICA E LITERATURA   39

em três ou quatro assuntos principais, entre eles o da "função cosmopolita dos intelectuais italianos até o século XVIII", tema este vinculado à questão da língua italiana e sua relação com a organização da cultura da península (LC, p. 364). Interessava a Gramsci compreender o processo histórico no qual a língua falada pelo povo se separara da norma culta, aspecto característico da história dos intelectuais italianos. Em 3 de agosto do mesmo ano, em outra carta a Tania, Gramsci havia afirmado que seu interesse em fixar pontos de reflexão como o da língua e literatura partia da vontade de aprofundar o conceito de Estado e compreender o desenvolvimento histórico do povo italiano (LC, p. 459-460). A conexão entre o estudo da língua e literatura e a teorização dos conceitos políticos era uma chave imprescindível para conduzir com rigor uma pesquisa sobre a "vida nacional unitária" da península.

Do "primeiro plano", de 1929, o tema da literatura popular dos "romances" de apêndice, já presente na carta de 1927, foi desenvolvido por Gramsci em uma pesquisa própria que teve como resultado a redação do *Caderno 21 – Problemas da cultura nacional italiana. 1° Literatura popular*, em 1934.[8] Neste, Gramsci articulou sua reflexão

---

8   De acordo com Francioni, esse *Caderno* começou a ser redigido em fevereiro de 1934, ao mesmo tempo que o *Caderno 23*, sobre crítica literária, e concluído possivelmente em 1935 (FRANCIONI, 1984, p. 126). Esses dois *Cadernos* são os únicos que tratam diretamente do tema da literatura. O *Caderno 21* possui 15 parágrafos tipo "C" a partir de: 1 parágrafo "A" do *Caderno 1*, escrito entre fevereiro e março de 1929; 8 parágrafos "A" do *Caderno 3*, escritos entre setembro e outubro de 1930; 1 parágrafo "A" do *Caderno 4*, escrito em novembro de 1930; 5 parágrafos "A" do *Caderno 6*, escritos entre novembro de 1930 e agosto de 1931; 2 parágrafos "A" do *Caderno 9*, escritos em novembro de 1932; 1 parágrafo "A" do *Caderno 14*, escrito entre dezembro de 1932 e janeiro de 1933; e 1 parágrafo "A" do *Caderno 17*, escrito em janeiro de 1934 (GRAMSCI, 1975, p. 2297-3000; FRANCIONI, 1984, p. 140-146). Os dois parágrafos mais tardios, dos *Cadernos 14 e 17*, foram formulados entre o início de 1933 e o início de 1934 e deram origem ao primeiro parágrafo do *Caderno 21*. Os outros 16 parágrafos foram escritos no que Fabio Frosini chamou "primeira

40 DANIELA MUSSI

sobre a literatura ao redor da ideia do surgimento de um novo equilíbrio de forças que teve como pano de fundo uma crise da tradicional relação entre dirigentes e dirigidos, literatos e público, intelectuais e povo (ANGLANI, 1999, p. 12). Para Gramsci, esse novo equilíbrio coincidia com o desenvolvimento do capitalismo e com a formação dos Estados nacionais e fizera emergir a "questão literária".

Nesse sentido, o estudo da questão literária deveria fazer parte do estudo do problema histórico "do equilíbrio de forças" dirigentes e dirigidas na Europa moderna, e este deveria ser realizado de maneira diferente de como era até então pelas duas principais correntes intelectuais, a liberal e a democrática, existentes na península. Estas, afirmava Gramsci, apesar de suas diferenças, não eram capazes de apontar o conflito da separação entre vida artística e vida popular, e se unificavam ao redor do temor que um estudo mais rigorosamente crítico dos fenômenos na cultura italiana "levasse a perigos para a vida nacional unitária da Itália" (Q. 21, §1, p. 2107-2108).

Em um parágrafo intitulado "Literatura popular. Itália e França",[9] Gramsci considerou que, ao menos até 1900,[10] as tendências democráticas da vida literária italiana haviam sido "simplesmente reflexo da onda democrática francesa, que teve origem em 1789" (Q. 14, §37, p. 1694). A artificialidade e a falta de contato entre intelectuais e massas, que caracterizava a vida literária italiana, se devia ao fato de não existir

---

fase" de composição dos *Cadernos*, entre meados de 1929 e 1932 (FROSINI, 2003, p. 23). O mesmo é válido para o *Caderno 23*, ver adiante nota.

9   Esse parágrafo "A" foi escrito entre janeiro e fevereiro de 1933 no *Caderno 14* (miscelânea). Embora seu conteúdo esteja vinculado metodologicamente ao tema da "literatura popular", ele não chegou a ser usado para composição do *Caderno 21*.

10 A partir de 1900, a formação da "corrente idealista", representada por Giovanni Gentile e Benedetto Croce, impôs uma reflexão de tipo diferente em relação à atividade literária italiana (Q. 21, §37, p. 1693).

POLÍTICA E LITERATURA   41

na península uma "premissa histórica", tal como na França. Essa "premissa" fora resultado da formação do Estado nacional francês, que fundira a vida política francesa pós-revolucionária à vida das massas, e assim orientara o surgimento de novos fenômenos da cultura, entre eles uma literatura popular eficaz em amalgamar essas massas à vida do Estado que surgia.

O que Gramsci buscava entender era por que, apesar do impulso cultural e político gerado pela Revolução Francesa em vários países da Europa, o "provincianismo" literário italiano se mantivera, mesmo contra intenções intelectuais e políticas do movimento de unificação da península no século XIX, o *Risorgimento*. A constatação era de que a Itália possuía uma "vida nacional unitária", mas não alcançara o patamar de Estado nacional-popular, e por isso estabelecera um duradouro "nexo" de coordenação e submissão com a vida nacional francesa. Dessa forma, a compreensão da relação entre a política e a literatura nascia da articulação orgânica entre a atividade literária e o mundo histórico-cultural, critério fundamental para que fosse possível se aproximar "concretamente da realidade" moderna (Q. 4, §49, p. 476). Era o apelo ao que poderia ser chamado de um método "realista" para estudo da questão literária e de sua tensa relação com o passado, com a tradição intelectual italiana e sua vida política historicamente condicionada ao Sacro Império Romano Germânico e ao papado.

Essa reflexão contribuía para o desenvolvimento dos conceitos políticos nos *Cadernos*, especialmente o de hegemonia. Ao partir do exemplo francês, Gramsci estabelecia como centro da investigação da vida literária moderna a atitude popular frente ao universo artístico, em especial à literatura e ao teatro. Queria, com isso, mostrar que a experiência estética na modernidade possuía como especificidade a possibilidade de um movimento consciente de aspiração *coletiva* "à 'bela' e interessante aventura, em oposição à 'feia' e revoltante que se dava em condições impostas por outros, não escolhidas" (Q. 21, §13, p. 2133). Essa aspiração consciente não orientaria mais apenas uma vida individual e contemplativa, restrita a pequenos grupos intelectuais, mas poderia conduzir o gosto literário de multidões inteiras que viviam sob os novos Estados nacionais que se consolidavam. Isso significava que a distância entre intelectuais e povo se tornara menor, condição não suficiente, embora necessária, para que se explicitassem e fossem enfrentados definitivamente os dilemas da relação entre governantes e governados.

Gramsci questionava o processo histórico no qual a literatura artística se separara da popular na península, dando espaço para modalidades "degradadas, mas sentidas", de literatura, tal como o folhetim, o romance policial, o romance de aventura etc., a chamada "literatura dos humildes" (Q. 21, §4, p. 2113). O processo de constituição de uma tradição intelectual cosmopolita na Itália, de uma atitude de tipo "tradicional", "paternalista" e "divina" dos intelectuais frente às classes populares era resultado de um longo processo histórico de afastamento, e tinha como efeito a ilusão de indiscutível superioridade dos intelectuais em relação ao povo (Q. 21, §3, p. 2112; Q. 19, §1, p. 1959).

Nos *Cadernos* observava-se que, ao longo da história de formação dos Estados nacionais, esse fenômeno não fora exclusivo da sociedade italiana, e restava explicar por que então a península, nação já unificada e soberana em pleno século xx, ainda era um forte mercado para a "literatura dos humildes", especialmente a francesa, sem possuir uma literatura popular local.[11] A diferença, salientava Gramsci, estava

---

11 No *Caderno 21*, Gramsci comentou uma nota publicada na revista *Critica Fascista* de agosto de 1931 que lamentava a publicação, por dois grandes periódicos italianos, de romances de apêndice franceses: "não existe, de fato, nem uma popularidade da literatura artística, nem uma produção local de literatura 'popular', porque falta uma identidade de concepção de mundo entre 'escritores' e 'povo', ou seja, os sentimentos populares não são vividos

justamente no fato dos literatos italianos não terem sido capazes de construir uma literatura compatível com uma nova hegemonia, "moderna", ainda que a sociedade italiana tivesse mudado "intimamente", especialmente as classes subalternas. Sob a hegemonia das nações mais avançadas, a Itália havia se tornado importadora dos produtos da cultura nacional-popular francesa (Q. 21, §5, p. 2118).[12]

Interessante notar o título dado por Gramsci ao primeiro parágrafo do *Caderno 21*, escrito em fevereiro de 1934: "Conexão de Problemas". Neste, foi apresentada uma série de elementos pertinentes ao debate italiano sobre a questão literária, conectados ao estudo da história da cultura italiana, do Renascimento até a formação do Estado nacional no século XIX.

> São fenômenos (como o da dificuldade de unificação da língua italiana) que precisam ser coordenados e subordinados para entender a questão da unidade cultural. É preciso evitar um tratamento abstrato e intelectualista da questão, sem perspectiva histórica exata e, portanto, sem que se formule uma solução político-social concreta e coerente (Q. 21, §1, p. 2107).

O objetivo central de Gramsci aqui era o de estabelecer os nexos de investigação entre a literatura e a formação dos grupos intelectuais na península para destacar seu caráter tradicionalmente cosmopolita, isto é,

---

como próprios pelos escritores, nem os escritores possuem uma função 'educadora nacional', ou seja, não se colocaram e não se colocam o problema de elaborar os sentimentos populares depois de tê-los revivido e feito seus" (Q. 21, §5, p. 2114).

12 No começo do século XX, a "degeneração artística" dos intelectuais italianos era vinculada, para Gramsci, ao tipo de influência exercida sobre esses pelo filósofo Benedetto Croce, especialmente pela ideia de "individualismo" artístico, antissocial e anti-nacional popular (Q. 14, §28, p. 1686).

afastado das massas (cf. Q. 21, §1). Com essa "conexão de problemas", Gramsci promovia uma ligação teórica orgânica das dimensões cultural e política dos processos históricos italiano e francês, o que permitia abordar a questão literária não mais meramente a partir da beleza estética, mas também, e principalmente, levando em conta a necessidade de determinado conteúdo intelectual e moral, como expressão mais ou menos elaborada e completa das aspirações políticas e sociais profundas de um determinado público em certa fase de seu desenvolvimento histórico (Q. 21, §4, p. 2113). Não havia uma nova hegemonia, um novo Estado na Itália, apesar do *Risorgimento* e, portanto, não poderia haver uma literatura italiana nova, moderna e popular.

Diferentemente de Gramsci, os literatos e críticos italianos, em geral, não compreendiam o elemento popular como base para um critério crítico do desenvolvimento da literatura e da vida política italiana, e tampouco desenvolviam uma unificação teórica mais geral entre a política e a literatura: eram incapazes de compreender a necessária ressonância entre literatura artística e popular. A constatação da relação entre a alta e baixa literatura levava Gramsci a uma posição de confronto com esses literatos que tinha como base a ideia de que arte e cultura não se separam, sendo a produção artística e popular uma possibilidade histórica latente (Q. 21, §5, p. 2216).

Para isso, Gramsci reconheceu a literatura como *atividade literária*, permanentemente evocada pela necessidade da participação da intelectualidade na libertação pelo povo de sua "humildade", de seu estado de passividade (Q. 15, §58, p. 1822). Essa constatação fornecia novas indicações de método de análise da questão literária, já que a investigação sobre a beleza de uma obra estava intimamente conectada à pesquisa das razões desta obra ser lida, popular e pesquisada, ou ainda porque não atinge o povo, não lhe interessa (LA PORTA, 1991, p. 90).

A proposição nos *Cadernos* de um novo padrão relacional entre intelectuais e povo estava representada na ruptura histórica profunda realizada pelos jacobinos franceses. Estes haviam feito parte da consolidação da hegemonia burguesa moderna, ao mesmo tempo em que possuíam características fundamentalmente contraditórias com o processo de restauração francês consolidado em 1815. Eram expectativas não realizadas de uma relação permanente e ativa das massas francesas na orientação da política e da cultura em geral. Essas expectativas, dizia Gramsci, foram convertidas em mito popular, em uma espécie de eco "fantasmagórico" sobre toda literatura e cultura europeia do século XIX, e sobrevivia no século XX.

A reflexão da literatura no "tempo fundado pelos jacobinos" deveria se manifestar no estudo da escolha, audiência e admiração que as camadas populares expressavam por determinado autor e obra, além da vida dada a determinada literatura. A literatura deveria ser, portanto, tomada em referência com as complexas relações de contato e de direção cultural e política sobre a qual essas camadas se encontravam (Q. 21, §4, p. 2113; Q. 23, §7, p. 2194). Os jacobinos representavam a tentativa de construção de um novo equilíbrio de forças, do conteúdo histórico de 1793 que permitira um novo impulso do movimento estético e filosófico de sua época. A "consciência" jacobina, portanto, se chocava com o vértice histórico representado pela reação católica, aristocrática e monárquica, e esse conflito fundara o século XIX como século de crises, bem como inaugurava um tempo crítico no qual, mais do que nunca, os heróis da literatura popular passavam a entrar na esfera da vida intelectual popular, se separando de sua origem literária para adquirir a validade de personagem histórico (Q. 8, §122, p. 1013). Para Gramsci, os jacobinos ajudaram a fundar um novo tempo no qual a fantasia literária adquiriria na vida intelectual popular não apenas específica concretude, mas também uma latente consciência de que

46   DANIELA MUSSI

menos importante era o nome e personalidade de um autor, que cedia espaço para a *persona* do protagonista,[13] ou seja, para a experiência da fantasia pelos leitores (*idem, ibidem*, p. 1013). Era um tempo em que deslocava o autor, para pôr em evidência o leitor e sua vida concreta e coletiva, um tempo *nacional-popular*.

O tempo *nacional-popular* surgira como resultado do equilíbrio de forças sociais sob hegemonia burguesa, bem como da viva consciência crítica, ou mito jacobino,[14] desse equilíbrio. Era, portanto, ao mesmo tempo uma categoria analítica complexa e um conjunto de problemas que formavam um centro articulador crítico do estudo do modo de vida moderno. A investigação desse tempo nacional-popular se concentrava sobre o problema de como o *passado se converte em elemento de vida*, ou seja, sobre as vicissitudes da relação entre tradição e revolução na história. Nesse sentido, o estudo "crítico desapaixonado" da literatura se tornava perigoso para a vida unitária italiana, na medida em que tornava "realista" – analiticamente popular e politicamente crítico – o conceito de hegemonia, realçando o fato de que "depois da criação do Estado [moderno] o problema cultural se impunha em toda a sua complexidade e tendia à solução coerente" (Q. 16, §9, p. 1863).

Visto sobre outro ângulo, o Estado passava a ser pensado como "direção consciente das grandes multidões nacionais", organismo que traduz a capacidade de um grupo social em configurar uma condução

---

13   Nesse sentido, Gramsci assinalava, por exemplo, o interesse pela pesquisa da concepção "pirandelliana" de protagonista no teatro, "que continuamente recria sua personalidade física e moral, que é sempre diferente mesmo sendo sempre igual" (Q. 17, §34, p. 1937).

14   Gramsci se refere ao "mito", inspirado nas ideias de Georges Sorel, como algo que "não pode ser uma pessoa real, um indivíduo concreto; pode ser apenas um organismo social no qual tenha início o concretizar-se de uma vontade coletiva reconhecida e afirmada parcialmente na ação. Esse organismo já existe, dado o desenvolvimento histórico, e é o partido político" (Q. 8, §21, p. 951).

do modo de vida social moderno (Q. 23, §8, p. 2197). Em tempo nacional-popular, a relação dos intelectuais com a arte, orientada pela questão se o artista, ao produzir, deveria estar mais interessado pela "nação" ou pelos "espíritos eleitos", apenas reforçava a contradição, coexistente com a fundação do Estado, da incapacidade progressiva das classes dominantes burguesas em governar (Q. 8, §145, p. 1030). Esse era um tempo cindido pelas necessidades e contradições não resolvidas sob a hegemonia burguesa, ainda que a unificação política e econômica promovida pelas classes dominantes nos Estados nacionais incidisse sobre todas as atividades sociais: abaixo da linguagem moderna, mesmo a mais cosmopolita, existia sempre uma "profunda substância cultural mais restrita, mais nacional-popular" (*idem*, p. 2194). Era o tempo do que Gramsci chamava de "vida unitária" ou "vida nacional", convertido em um ponto de partida crítico: o conteúdo sentimental da arte, o mundo cultural, cindido pelas contradições modernas, deveria ser agregado e adquirir nova expressão sob um novo programa político, com objetivo de superar o "hiato" histórico da participação popular na vida pública que se mantinha (*idem, ibidem*, p. 1030). Justamente por isso é que para Gramsci não era possível pensar a literatura separada da crítica.

O gosto literário italiano era caracterizado por Gramsci como mais atrasado que o francês, um gosto "melodramático", ou seja, fundado na crença de que a poesia seria caracterizada por elementos exteriores, entre os quais predominavam a rima, a solenidade oratória, o sentimentalismo, uma expressão teatral acrescida de um vocabulário barroco. Essa característica tinha sua origem numa longa tradição italiana de manifestações coletivas, oratórias e teatrais, urbanas e rurais, em oposição à meditação íntima e individual. O aspecto melodramático possuía um núcleo sadio, popular, que só poderia ser superado com a atividade de crítica profunda das manifestações artísticas de tipo oral (Q. 14, §19, p. 1676). Oposto a esse núcleo popular estava o fato de que este gosto "livresco" dos intelectuais italianos se difundia nas massas através de formas artísticas ingênuas e comoventes, como um modo das massas se evadirem daquilo que era "baixo, mesquinho" em sua vida e educação, para entrar em uma "esfera mais eleita de altos sentimentos e de nobres paixões" (Q. 8, §46, p. 969). A "fantasia literária", nesse caso, e diferentemente de uma "fantasia jacobina", era convertida para o homem do povo em "fantasiar", em "sonhar com os olhos abertos", como fenômeno "narcótico" que Gramsci conectava a um "complexo de inferioridade" social que determinava "devaneios sobre a ideia de vingança, punição dos culpados pelos males suportados, etc.", tramas típicas dos romances de apêndice e de aventura (Q. 6, §134, p. 799).

Os intelectuais

Para compreender a vida dos "elementos dirigentes" italianos, do Renascimento até o *Risorgimento* no século XIX, e sua comparação com a formação dos intelectuais nos outros países, Gramsci operou com dois sentidos de uma função "cosmopolita", ou "cosmopolítica", desempenhada pelos intelectuais. O primeiro sentido dizia respeito aos intelectuais italianos que cumpriam papel ativo no exterior desde o século XIII, contribuindo para a formação dos Estados modernos como engenheiros, comerciantes, cambistas, transportadores etc. (ver BRAUDEL, 2007, p. 41). Esse movimento era fruto do que Gramsci chamou de "moderna imigração", o que no caso italiano significava que, ao servir em outro país, esses intelectuais perdiam as "ligações nacionais e estatais originais", não eram capazes de atuar "como expressão da influência política do país de origem" (Q. 3, §118, p. 385).

O segundo sentido, derivado do primeiro, foi o que Gramsci criticou mais ferozmente, e estava identificado com o afastamento deliberado dos intelectuais com relação às massas nacionais sem que houvesse qualquer movimento migratório,[15] uma prática característica dos intelectuais conectados à Contrarreforma católica, conservadores e antipopulares (Q. 3, §141, p. 399):

> O Renascimento pode ser considerado como a expressão cultural de um processo histórico no qual se constituiu na Itália uma nova classe intelectual de caráter europeu, classe que se dividiu em dois ramos: um exerceu na Itália uma função *cosmopolítica*, ligada ao papado e de caráter reacionário, o outro se formou no exterior, com os políticos e religiosos que saíram, e exercitou uma função [*cosmopolita*] progressiva nos diversos países nos quais se estabilizou e participou da organização dos Estados modernos como elemento técnico na milícia, na política, na engenharia, etc. (Q. 17, §3, p. 1910) [grifos meus].[16]

---

15 É interessante perceber a ressonância dessa reflexão de Gramsci com o debate que Leon Trotsky fez no *Literatura e Revolução* sobre os intelectuais "emigrados" depois de 1917. O livro foi publicado na Rússia em 1924.

16 Esse parágrafo do *Caderno 17* foi escrito em agosto de 1933, o que indica que fez parte de uma reflexão tardia de Gramsci no cárcere sobre o tema (cf. FRANCIONI, 1984). O sentido de "cosmopolitismo" ou "função cosmopolita", porém, não foi sempre o mesmo na reflexão dos *Cadernos* e merece uma pesquisa específica. Alguns parágrafos interessantes para tal, escritos em diferentes períodos: *Caderno 2*: §109, §116 e §117; *Caderno 3*: §3, §8, §80, §87, §116, §117, §126 e §141; *Caderno 4*: §49, §56 e §91; *Caderno 5*: §23, §31, §37, §55, §74, §100, §123, §150, §117 e §127; *Caderno 6*: §16, §62 e §125; *Caderno 7*: §16, §17 e §81; *Caderno 8*: §1; *Caderno 9*: §75 e §127; *Caderno 11*: §58; *Caderno 14*: § 14; *Caderno 15*: §20; *Caderno 17*: §3; *Caderno 19*: §1, §3 e §5; *Caderno 20*: §1; *Caderno 21*: §1; *Caderno 23*: §7 e §39.

50 DANIELA MUSSI

Toda nova hegemonia que se pretendesse bem sucedida deveria ser capaz de combinar força nacional e de expansão internacional. O exemplo histórico da influência francesa sobre a literatura italiana (aliada, é claro, à impopularidade desta última entre as massas na península) expressava esse duplo caráter da hegemonia. Num parágrafo escrito no *Caderno 4* em novembro de 1930, essa reflexão ficou explícita:

> No desenvolvimento dos intelectuais europeus se observam muitas diferenças entre nações e nações (...). 1) Para a Itália o fato central é a função internacional ou cosmopolita de seus intelectuais que é causa e efeito do estado de desagregação no qual permanece a península da queda do Império romano até 1870. 2) A França é um tipo completo de desenvolvimento harmônico de todas as energias nacionais e especialmente das categorias intelectuais: quando em 1789 um novo agrupamento social aflora politicamente na história, esse é completamente instrumentalizado em todas as suas funções sociais e por isso luta pelo domínio total da nação, sem ter que se comprometer essencialmente com as velhas classes, antes as subordina. (...) Esta maciça constituição intelectual explica a função intelectual da França na segunda metade do século XVIII e em todo o século XIX, função internacional e cosmopolita de irradiação e de expansão através de um caráter imperialista orgânico, bem diversa da [função] italiana, de caráter migratório pessoal e desregrado que não reflui sobre a base nacional para potencializá-la mas, ao contrário, para torná-la impossível (Q. 4, §49, p. 479; cf. Q. 12, §1).[17]

---

17 No parágrafo "C", reelaborado no *Caderno 12* entre maio e junho de 1932 a partir do parágrafo do *Caderno 4* citado, Gramsci acrescentou, em relação aos franceses: "Esta maciça construção intelectual explica função *da cultura* francesa nos séculos XVII e XIX, função de irradiação internacional e

Para Gramsci, portanto, a "força expansiva, o influxo histórico de uma nação não deveria ser medido pela intervenção individual de alguns, mas pelo fato desses indivíduos exprimirem consciente e organicamente um bloco social nacional" (Q. 3, §118, p. 386). Dessa forma, o principal problema dos intelectuais italianos no período do *Risorgimento* fora o fato dos núcleos burgueses:

> Ao elaborar uma categoria própria de intelectuais, não terem sido capazes de absorver as categorias tradicionais de intelectuais (especialmente o clero) que mantiveram, ao contrário, e exacerbaram seu caráter cosmopolítico (Q. 5, §31, p. 569).

Alternativamente, a França fornecera um tipo completo de desenvolvimento das energias nacionais, especialmente das categorias intelectuais: aqui, "as primeiras células intelectuais de novo tipo nascem com as primeiras células econômicas" (Q. 12, §1, p. 1524). A burguesia francesa fora capaz de organizar nacionalmente uma hegemonia orgânica, através da formação de uma categoria de intelectuais nova, adaptada ao modo de produção capitalista, detendo "domínio total da nação" e, internacionalmente, com o desenvolvimento da função imperialista.

A relação entre intelectuais e povo, convertida em método de análise e crítica da literatura e outros fenômenos da cultura, fez com que a reflexão de Gramsci incorporasse outro argumento, além da histórica função cosmopolita dos intelectuais italianos e das contradições impostas ao caráter nacional-popular do Estado francês pelo movimento de restauração depois da derrota dos jacobinos: o papel da revolução de 1917 e do americanismo como vértices opostos de um novo

---

cosmopolita e expansão através de um caráter imperialista e *hegemônico* em modo orgânico (...) (Q. 12, §1, p. 1524) [grifos meus].

52 DANIELA MUSSI

período de crises e lutas sociais. Em uma carta à Tania de 20 de outubro de 1930, ao trocar impressões sobre as condições de saúde de sua esposa, Giulia,[18] Gramsci abordou o tema da formação de outro tipo novo intelectual, adaptado às novas condições de produção fordista e taylorista implantadas no século XX,[19] comparando esse novo tipo com a formação psicofísica típica dos intelectuais europeus:

> É evidente que Giulia sofre de esgotamento nervoso e de anemia cerebral, que tendem a se tornar crônicos porque ela não quer ou não sabe se tratar (...) não quer se convencer de que um determinado ritmo de trabalho só é possível com certos cuidados de recuperação do organismo e com certo método de vida (...). Em minha opinião, em condições desse tipo, o único remédio apropriado consiste numa mistura apropriada de meios persuasivos com meios coercitivos, mas aqui está precisamente a questão: quem pode exercer esta coerção necessária? Por outra parte, não se trata de um fenômeno individual;

---

18 Em uma carta de 12 de outubro de 1930, Tania escreveu a Gramsci sobre Giulia: "Quanto à sua doença, eis o que ela mesma diz. O sintoma principal são as crises de amnésia nas quais, em certos instantes, não lembra o significado das palavras (...). Uma das consequências deste seu estado é que tem dificuldade para se dedicar a um trabalho continuado e, especialmente, para escrever. Disse particularmente que uma das circunstâncias que mais a atrapalham quando quer lhe escrever é ter de esconder o seu verdadeiro estado de saúde e a consequente impossibilidade de escrever sinceramente aquilo que pensa. Atualmente, ela começa muitas vezes a lhe escrever uma carta e depois não encontra forças para continuar e, às vezes, quando termina, volta a ler e rasga" (GRAMSCI, 2005, p. 471).

19 A reflexão sobre o americanismo já se tornara explícita em uma carta a Tania de 25 de março de 1929, quando Gramsci expressou a vontade de concentrar seus interesses de estudo na prisão em três temas: 1) história italiana do XIX, com especial referência à formação e desenvolvimento dos grupos intelectuais; 2) história e historiografia e; *3) americanismo e fordismo* (LC, p. 264; grifo meu).

POLÍTICA E LITERATURA   53

> infelizmente está difundido e tende a se difundir cada vez mais, como se vê pelas publicações científicas feitas em relação aos novos sistemas de trabalho introduzidos pela América. (...) são interessantes as medidas tomadas pelos próprios industriais americanos, como Ford, por exemplo. Ford tem um corpo de inspetores que controlam a vida privada dos empregados e lhes impõem o regime de vida: também controlam a alimentação, o sono, o tamanho dos quartos, as horas de descanso e até os assuntos mais íntimos. Ford (...) quer gente que saiba trabalhar e esteja sempre em condições de trabalhar, isto é, gente que saiba coordenar o trabalho com o regime de vida. Nós, europeus, somos muito *bohémiens*, acreditamos que podemos fazer algum trabalho e viver como quisermos, como *bohémiens*: naturalmente, o maquinismo nos tritura, e emprego maquinismo em sentido geral, como organização científica até do trabalho intelectual. Somos excessivamente românticos, de modo absurdo, e, por não querermos ser pequeno-burgueses, caímos na forma mais absurda de pequeno-burguesismo, que é precisamente a *bohème* (LC, p. 359-360).

Em período imediatamente posterior à redação dessa carta, entre novembro e dezembro de 1930, Gramsci escreveu no *Caderno 8* um programa de pesquisa intitulado "Notas esparsas e apontamentos para uma história dos intelectuais italianos" (que viria a ser aproximadamente o título do *Caderno 12*). Neste, o tema da formação de uma nova camada intelectual nos Estados Unidos ("Americanismo e fordismo") apareceu.[20]

---

20 O programa de pesquisa de 1930 do *Caderno 8* trazia indicações para um "conjunto de ensaios sobre os intelectuais", sendo interessante notar que o tema "Americanismo e fordismo" aparecia como "Apêndice" do trabalho mais geral

O tipo intelectual vinculado ao "americanismo e fordismo", inspirado no modelo alemão e inglês, nascera estreitamente ligado ao desenvolvimento das tecnologias e dos aparelhos produtivos capitalistas. O desenvolvimento exponencial da produção e da técnica determinara o desenvolvimento de suas competências intelectuais, aprofundando a diferença entre o intelectual que reflete e o intelectual que investiga, criando o "intelectual-cientista" (ASOR ROSA, 1996, p. 163). O intelectual-cientista cumpria tarefas cognitivas precisas, embora não redutíveis às operações práticas, e sua atividade poderia ser definida por "intelectual-função", na medida em que existia funcionalmente em relação a um objetivo dado, além de imprescindível à modificação da estrutura do conhecimento (*idem, ibidem*, p. 164).

O discurso especializado do cientista, entretanto, para ser socializado demandava um sistema político e mediações institucionais adequadas a este objetivo produtivo, além de mediações ideológicas e filosóficas para que pudesse se difundir como concepção de mundo.

---

sobre os intelectuais italianos. Na carta já citada de 3 de agosto de 1931, contudo, Gramsci comentou sobre as dificuldades de condução da pesquisa, na medida em que precisaria passar a uma fase de documentação que exigiria frequentar bibliotecas (LC, p. 459-460). Meses depois, entre março e abril de 1932, Gramsci escreveu na página seguinte ao programa dos ensaios principais do *Caderno 8* um novo plano de trabalho, como "reagrupamentos de matéria", uma nova proposta, mais sintética, de organização do que seria um projeto de cadernos monográficos (especiais) em que o tema do americanismo não apareceu. Para Fabio Frosini, Gramsci estava ciente de que suas péssimas condições de saúde possivelmente o impediriam de levar a cabo a pesquisa tal como pensada em 1930. Em sua composição final, o *Caderno 12 – Intelectuais. Questões Escolares* correspondeu ao que seria o primeiro ponto desse reagrupamento. A "questão dos intelectuais" pode ter sido pensada, agora, como "Introdução geral", metodológica, a uma série de ensaios específicos. Dados os problemas de condução da pesquisa a partir de 1932, Gramsci pode ter optado por um congelamento deste programa escrito em 1932, já que mesmo o *Caderno 12* permaneceu aberto e inconcluso (cf. FROSINI, 2003).

POLÍTICA E LITERATURA   55

Assim, se colocava uma questão de "duas culturas", uma tradicional – fonte filosófica e ideológica para complementaridade da ciência e Estado – e outra mais propriamente "científica", orgânica nas práticas sociais, embora fragmentada. Essas duas culturas conviviam no ambiente cultural alemão e inglês em constante dificuldade de equilíbrio, especialmente entre o trabalho intelectual científico tradicional e a moderna gestão pública do Estado e da produção (Q. 12, §1, p. 1526).

Nos Estados Unidos, diferentemente, a formação nacional *sui generis* havia permitido que, da cisão profunda entre trabalho intelectual e manual originada da primeira revolução industrial, se desenvolvesse uma recomposição característica do trabalho intelectual em estreita relação com as exigências das descobertas e transformações para o desenvolvimento do aparelho produtivo (ASOR ROSA, 1996, p. 164). A ausência da camada dos intelectuais tradicionais nos Estados Unidos, devido à origem "imigrante" que compusera sua massa populacional, além do caráter dinâmico da vida nacional, impedira a expressão da vida intelectual "tradicional", ou seja, afastada da atividade produtiva moderna e das necessidades que essa impunha. Diferentemente das sociedades europeias, a norte-americana valorizava a ciência prática e suas "vantagens" no sentido de alcançar os objetivos mais rapidamente do que a ciência puramente teórica (Q. 12, §1, p. 1525).

Para Gramsci, o desenvolvimento da dinâmica econômica capitalista nos Estados Unidos deveria ser investigado a partir da inexistência de categorias cristalizadas de intelectuais tradicionais em sua formação nacional. O fato de que neste país não fora necessário realizar a fusão entre os intelectuais orgânicos e os tradicionais para conformação do Estado-nação permitira a criação de uma base social própria para a indústria e hábil em incorporar suas práticas cotidianas à atividade produtiva. Nas palavras de Gramsci, a formação norte-americana caracterizava-se peculiarmente pela necessidade de "fundir, num único

56   DANIELA MUSSI

cadinho nacional de cultura unitária, diversos tipos de cultura trazidos pelos imigrantes de origens nacionais variadas" (Q. 12, §1, p. 1527). Nesse sentido, os Estados Unidos encarnavam uma forma peculiar da hegemonia moderna, "que vem da fábrica e, para ser exercida, só necessita de quantidade mínima de intermediários profissionais da política e da ideologia" (Q. 22, §2, p. 2146).

Gramsci colocava em questão, contudo, o modelo de hegemonia dos Estados Unidos. Ainda que não tenha realizado essa pesquisa na prisão, o marxista compôs o *Caderno 22 – Americanismo e fordismo*[21] entre fevereiro e março de 1924, mesmo período em que escreveu os *Cadernos especiais* sobre literatura e crítica literária. O *Caderno 22* sistematizou um conjunto de problemas de pesquisa sobre o argumento mais geral de que "o americanismo e o fordismo resultam da necessidade de uma econômica programática", superando o "velho individualismo econômico" (Q. 22, §1, p. 2139). Porém, afirmava, havia uma questão da qual não se poderia fugir: que força social seria capaz de conduzir a iniciativa de superação do individualismo econômico? Ao modelo americanista de Ford, marcado pela resistência das forças subalternas que este deveria "manipular" e "racionalizar" segundo novos fins, opôs um processo de autocrítica intelectual, de

> nascimento de uma nova civilização americana, consciente das suas forças e de suas debilidades: os

---

21   O *Caderno 22* contém 16 parágrafos, dos quais um parágrafo de escritura única ("B"), escrito em fevereiro de 1934, e os outros 15 a partir dos seguintes parágrafos "A": *Caderno 1*: dez parágrafos; *Caderno 3*: dois parágrafos; *Caderno 4*: três parágrafos; *Caderno 9*: três parágrafos (GERRATANA, 1975, p. 3001-3006). Ao que tudo indica, com exceção dos parágrafos do *Caderno 9*, escritos entre abril e setembro de 1932, o material transcrito por Gramsci para o *Caderno 22* já fora pensado como argumento de pesquisa ao longo de todo o ano de 1930 (cf. FRANCIONI, 1984). A carta de outubro de 1930 à Tania em que Gramsci se refere ao estado de saúde de Giulia indica o mesmo.

POLÍTICA E LITERATURA   57

> intelectuais se destacam das classes dominantes para
> unir-se a ela mais intimamente, para ser uma verdadei-
> ra superestrutura, e não apenas um elemento inorgâni-
> co e indistinto da estrutura-corporação (Q. 5, §105, p.
> 633-634).

Isso se manifestava no surgimento de um tipo de literatura nos Estados Unidos que era mais importante culturalmente que artisticamente: "a crítica dos costumes prevalece sobre a arte. Que na América exista uma corrente literária realista que comece por ser crítica dos costumes, é um fato cultural muito importante" (*idem*, *ibidem*, p. 633). Um romance exemplar, aqui, era *Babbitt*, de 1922, escrito por Sinclair Lewis, que narrava a vida típica de uma família de classe média norte-americana.[22]

Os intelectuais europeus, ao contrário, pareciam incapazes de realizar a crítica de seus próprios costumes, e por isso se mantinham estagnados no "lugar comum da grande tradição e da grande cultura" (Q. 6, §49, p. 723). Nesse sentido, para Gramsci, o processo de desenvolvimento dos intelectuais dos Estados Unidos só era comparável ao russo.[23] Ao longo do século XIX, a Rússia emprestara dos países europeus (especialmente alemães e franceses) sua experiência, a qual foi misturada "como esqueleto consistente à gelatina histórica russa" (Q. 12, §1, p. 1525). As antigas forças nacionais russas se caracterizavam

---

22 Neste, Lewis narra a crise gerada pela falta de identidade e racionalização profunda da vida do personagem principal, Babbitt, desde sua própria casa e vida pessoal nos Estados Unidos do começo do século XX: "Embora não houvesse ali um só objeto interessante, também não havia nada de desagradável a vista. Era tão perfeito e tão descaracterizado quanto uma barra de gelo artificial" (LEWIS, 1982, p. 111).

23 Gramsci comparou, por exemplo, o realismo da representação da forma de pensar do personagem Babbitt, de Sinclair Lewis, à Ivan Ilitch, personagem de Tolstoi (Q. 4, §21, p. 442; Q. 11, §44, p. 1466).

58 DANIELA MUSSI

então pela passividade e inércia, mas ao lado desta surgiam elementos de contato com a vida cultural de outros países, de assimilação e "russificação" das influências estrangeiras, que determinaram o processo de surgimento de uma *intelligentsia*.[24] No final do século XIX, início do XX, no entanto, ocorreu o fenômeno inverso:

> uma elite dentre as pessoas mais ativas, enérgicas, empreendedoras e disciplinadas vai para o exterior, assimila a cultura e as experiências históricas dos países mais desenvolvidos do Ocidente (...) sem com isso perder as características mais essenciais da própria nacionalidade, isto é, sem romper as ligações sentimentais e históricas com o próprio povo; feito assim seu aprendizado intelectual, retornam ao país, obrigando o povo a um despertar forçado, a uma marcha acelerada para frente, queimando as etapas (Q. 12, §1, p. 1525).

A reflexão presente nos *Cadernos do Cárcere* sobre a Rússia do início do século XX percebia sua experiência política como a tentativa de superar o nexo "entre a esclerose da linguagem 'tradicional' [europeia] e a escassa vitalidade e concretude da 'cultura moderna' de tipo americano" (BARATTA, 2004, p. 28). Gramsci enfatizou que a diferença entre esta elite "enérgica", "ativa", que terminará por organizar a Revolução de 1917 e a anterior, "importada", consistia no seu caráter

---

24 É interessante notar que o termo "intelectual" surgiu em fins do século XIX como derivação de *intelligentsia*, "palavra criada pelos russos provavelmente a partir do latim" (BEIRED, 1998, p. 123). *Intelligentsia*, afirma Beired, definia um novo grupo social surgido na Rússia no século XIX como camada de indivíduos cultos e preocupados com os assuntos públicos. Essa camada, constituída inicialmente por nobres, passou a ter percepção de si como grupo social particular, adquirindo consciência de si como categoria social específica, sendo que seus integrantes se identificavam entre si na medida em que se consideravam personificando a própria Rússia.

nacional-popular. Este não era assimilável pela passividade inerte da *intelligentsia*, já que essa passividade não fora senão uma reação enérgica à inércia histórica na qual a Rússia então se encontrava. Assim, a vida política e cultural que a Revolução de Outubro consolidava não era o resultado, mas o começo da luta pela superação dialética de um momento cultural anterior e, nesse sentido, afirmava:

> entre tantos significados de democracia, o mais realista e concreto me parece estar em conexão com o conceito de hegemonia. No sistema hegemônico, existe democracia entre os grupos dirigentes e os grupos dirigidos, na medida em que [o desenvolvimento da economia e, portanto,] a legislação favorece a passagem [molecular] dos grupos dirigidos ao grupo dirigente (Q. 8, §191, p. 1056).

Em seus escritos carcerários, Gramsci aprofundou teoricamente suas impressões e reflexões sobre o movimento revolucionário comunista, retomando a "questão literária" para afirmar que a unidade entre intelectuais e "os simples" agora deveria ser construída como a unidade que deveria existir entre teoria e prática. Essa unidade só seria possível se os intelectuais conseguissem elaborar e tornar coerentes os princípios e problemas que as massas encontravam em sua atividade prática, constituindo um bloco cultural e social orgânico (ver Q. 11, §12, p. 1382; KANOUSSI, 2007, p. 70). Gramsci via aqui o processo no qual uma massa humana, organizada culturalmente e fortalecida como intelectual coletivo, se tornava independente e dirigente.

Para o caso da Itália, era a própria existência de uma "vida unitária" que seria questionada caso fossem conduzidas seriamente pesquisas sobre os fenômenos da cultura. Primeiro, em virtude da incapacidade historicamente comprovada das classes dominantes e de seus intelectuais em afirmar uma direção nacional-popular sobre a península, de expandir seu domínio para além do plano coercitivo do Estado. Segundo, dada a possibilidade latente de uma insurgência "jacobina" contra essas classes, pelo pânico em relação ao programa jacobino ser apropriado e reconduzido a termo pelas massas populares (cf. Q. 19). Estas, nas primeiras décadas do século xx, davam sinais claros de uma consciência e prática críticas, capazes de conduzir a termo a construção de uma vida unitária de tipo novo: a sociedade regulada.

Foi com o intuito de aprofundar o conhecimento dos principais aspectos e contradições da vida literária e política italiana tal como pensada por Antonio Gramsci que os próximos capítulos foram desenhados. A partir daqui, o texto foi organizado de maneira a permitir um contato maior com o universo cultural e político italiano do contexto de sua unificação nacional no século xix. Expondo o pensamento de intelectuais aos quais Gramsci recorre para pensar esse momento da história da Itália, Francesco De Sanctis e Benedetto Croce, buscamos apresentar os principais contornos da relação entre política e literatura na península. Além disso, com vistas a aprofundar os argumentos metodológicos propostos nos *Cadernos* para a relação entre vida literária e vida política, foi inserido um estudo da comparação que Gramsci fez entre as contradições da vida cultural italiana em relação à europeia, entre a debilidade da formação de uma cultura nacional na península e sua relação com os Estados nacionais que se consolidaram política e culturalmente no continente, em especial o francês.

2. Francesco De Sanctis
Crítica da "Itália literária"

A questão literária nos *Cadernos* evocou constantemente a reflexão sobre a formação do Estado e o desenvolvimento dos grupos intelectuais, especialmente na Itália do século XIX e das primeiras décadas do século XX. Para tal, Gramsci conectou esse processo histórico ao período do Renascimento, fundamentalmente à questão maquiaveliana da formação de um novo Estado e da necessidade de "coordenação e subordinação" das atividades humanas a este fim. Em uma carta à Tania escrita em 19 de maio de 1930, é possível perceber como a reflexão sobre política e literatura as unificava em uma mesma e ampla investigação:

> também as questões sentimentais se apresentam para mim, eu as vivo, em combinação com outros elementos (ideológicos, filosóficos, políticos, etc.) e, portanto, não saberia dizer onde termina o sentimento e onde começa algum dos outros elementos; não saberia dizer sequer entre todos esses elementos de qual se trata, tão unificados se encontram em um todo incindível e de vida única (LC, p. 346).

Gramsci pretendia que suas pesquisas resultassem em "ensaios de história da cultura", e para o caso de um ensaio sobre literatura, a melhor forma de vincular esse tema ao da vida político-cultural italiana era por meio da crítica literária. Através da crítica, a literatura passava a ser pensada como resultado de uma atividade específica, objeto ao mesmo tempo de estudo do conteúdo ou gosto (público) e do estudo da forma (mundo literário). Foi nesse sentido que, no primeiro parágrafo do *Caderno 23 – Crítica Literária,* Gramsci anunciou, inspirado na expressão cunhada por Giovanni Gentile (1875-1944),[1] a necessidade de "retornar" à figura do crítico Francesco De Sanctis (1817-1883).[2]

Em 1871, foi publicado *Storia della Letteratura Italiana,* "o maior livro de história do *ottocento* italiano sobre a civilização italiana

---

1 Em agosto de 1933, Giovani Gentile publicou o artigo "Torniamo a De Sanctis!", comemorativo do cinquentenário da morte do crítico irpino. Nesse texto, recuperado em sua temática por Gramsci, Gentile buscava resgatar De Sanctis do esquecimento por parte dos intelectuais italianos a partir do começo do século XX (cf. GENTILE, 1936, p. 173 e seguintes). Além disso, para o crítico literário tcheco-americano Renè Wellek, "Giovanni Gentile pregou o retorno a De Sanctis como uma arma contra Croce", tentando afirmar uma interpretação própria do papel do crítico na cultura italiana (WELLEK, 1967, p. 93).

2 Francesco De Sanctis, natural da região do Avellino (Morra Irpino, Sul da Itália), oriundo de uma família de pequenos proprietários rurais, foi crítico literário e professor de literatura comparada, além de intelectual ativo no movimento de unificação italiana, tendo participado das barricadas na insurreição napolitana de 15 de maio de 1848. Preso em 1850 e exilado a partir de 1853, manteve atividade como professor, crítico literário e articulista. Viveu até 1856 em Turim, quando passou a publicar artigos no periódico *Piemonte,* dirigido pelo historiador e partidário da *Destra Storica* Luigi Carlo Farini (1812-1866), na *Rivista Contemporanea,* no periódico *Cimento,* entre outros. Depois, em 1856, partiu para uma temporada na Suíça, onde ministrou aulas no Politécnico de Zurique sobre história literária italiana. Em 1860, quando retornou a Nápoles, apoiou a entrada de Giuseppe Garibaldi e do Partito d'Azione na cidade. Nesse período, foi governador da província de Avellino e, logo depois, ministro da educação em Nápoles. Mais tarde, foi também deputado no Parlamento italiano e ministro da educação em Turim e em Roma (cf. FERRIERI, 1888).

moderna" (TESSITORE, 1979, p. 237).[3] Neste, Francesco De Sanctis traçou um esboço de uma tradição literária para a Itália em uma linha histórica que se orientava pela relação entre a atividade artística e a vida nacional da península, passando por Dante Alighieri, Francesco Petrarca, Giovanni Boccaccio, Niccolò Maquiavel e Giambattista Vico, até o século XIX de Giacomo Leopardi e Alessandro Manzoni (ver DE SANCTIS, 1973, p. 4). Dentre todo este esboço de tradição literária, De Sanctis se dedicou especialmente à representação da "glória" da unificação nacional italiana que se completava na figura do secretário florentino: "neste momento que escrevo, os sinos tocam bem alto, e anunciam a entrada dos italianos em Roma. O poder temporal colapsa. E se grita 'viva' à unidade da Itália. Glória a Maquiavel" (cf. DE SANCTIS, 1973).

Com isso, De Sanctis inaugurava, em sua *Storia*, um tipo de maquiavelística, que integrava, por meio da crítica literária, as ideias do secretário florentino à cultura italiana do período de consolidação da unificação da Itália. Este exercício era, ao mesmo tempo, um ponto de inflexão historiográfica em relação à interpretação clerical e positivista, muito influentes, na vida intelectual italiana e europeia do século XIX.

---

3   A ideia do livro nascera de uma proposta feita em 1868 pelo editor Antonio Morano para que De Sanctis escrevesse "um manual de literatura italiana para os liceus", a partir da compilação de material já existente e inclusão de alguns textos novos. Para composição de sua *Storia*, o crítico optou por "uma solução de compromisso" na qual se mantiveram lacunas, desproporções, incompletudes no texto, fazendo do mesmo "até certo ponto ineficiente com respeito ao objetivo humildemente informativo e didático que inicialmente havia sido proposto ao escritor" (SAPEGNO, 1992, p. 184). As incompletudes analíticas de De Sanctis eram resultado da forte crítica que este fazia ao método das correntes literárias de seu tempo: das retórico-formalistas tradicionais, passando pela perspectiva analítica psicológica francesa, anedótica e empírica e também pela crítica idealista alemã, que fazia da "história encarnada" algo "independente do espaço e do tempo" (GUGLIELMI, 1976, p. 21; ver MUSCETTA, 1978, p. 38).

66 DANIELA MUSSI

Estas "doutrinas contra as quais De Sanctis se posicionava" constituíam "sintomas da fase de reação e transição", o que explicava, por um lado, por que as "pesquisas no campo econômico, pedagógico e social e, sobretudo, na sociologia, buscavam dar uma nova forma à existência e formular um ideal novo" (WELLEK, 1978, p. 41-42). Afinal, o positivismo continha um tipo de realismo que se desenvolvia como protesto contra o abuso dos construtos clericais, teológicos e metafísicos, para explicação dos fenômenos humanos na Itália (*idem, ibidem*, p. 41). De Sanctis percebia, porém, que "o senso do real, do verdadeiro, a popularidade da matéria, a natureza da expressão" colocados pelo "fanatismo positivista" eram "mais uma promessa que fato" (*idem, ibidem*, p. 43; ver SAVARESE, 1983, p. 10-11).[4]

Neste sentido, para a revitalização do pensamento de Maquiavel, "De Sanctis refutava a noção de sistema, ou seja, a concepção sistemática da filosofia e do pensamento em geral" e colocava a importância "do nó problemático" de uma nova cultura como chave para compreender a originalidade das ideias do secretário florentino (SCRIVANO, 1978, p. 163). A verdade era a coisa efetiva, e por isso o modo de investigá-la deveria conjugar a experiência e a observação. Ao mecanismo vazio fundado sobre a combinação abstrata do intelecto encarnado na pretensa existência do "universal", o Maquiavel desanctisiano contrapunha a concatenação de fatos, das causas e dos efeitos. Dessa forma, fundava o fato não apenas como acidente, mas como originário da atividade humana, como fato intelectual e argumento (DE SANCTIS, 1973, p. 526-527). Esta era uma maquiavelística que projetava no século XIX uma imagem unificada da atividade política e científica, como exemplo e referência para as classes dirigentes do *Risorgimento*. A essa

---

4   Gramsci, em seus *Cadernos do Cárcere*, afirmou que, para Maquiavel, "o político, ao contrário, deve ser um realizador 'efetivo e atual'", "incidir no movimento real", e não criar "seitas e escolinhas" (Q. 1, §44, p. 44).

recuperação histórica De Sanctis vinculava diretrizes autobiográficas, ou seja, buscava atualizar Maquiavel "no terreno da nova cultura europeia" (SCRIVANO, 1978, p. 165). Para que uma cultura nova, no contexto da unificação, fosse também "indígena, autóctone, original", era preciso evitar toda forma de intelectualismo e perseguir uma relação dialética entre teoria e prática.

Nesse sentido é que De Sanctis retomava a ideia de "ver as coisas efetivas" com o espírito de Maquiavel, como uma "pesquisa dos elementos reais da existência" (cf. SCRIVANO, 1978, p. 164). É possível dizer que o crítico procurava no pensamento maquiaveliano sobre as debilidades do *Risorgimento* do século XVI as ferramentas para construir um programa político-intelectual para intervir sobre o *Risorgimento* do século XIX.[5] O ponto alto do pensamento maquiaveliano, sob as lentes de De Sanctis, era justamente sua atitude crítica para com as elites intelectuais e políticas do Renascimento na Itália. Este período era comumente visto como momento em que a autonomia e liberdade se afirmavam, porém Maquiavel percebera que estas não se convertiam em autonomia e liberdade concretas: era um momento de afirmação da autonomia do homem e da política como "ciência", sem que essa autonomia existisse concretamente, como prática.

Ao lado da *Storia*, nesse sentido, é fundamental levar em conta o discurso *Scienza e Vita*, pronunciado por De Sanctis como abertura do ano escolar em novembro de 1872 na Universidade de Nápoles.

---

5   Essa operação teórica encontrava forte apoio no fato de que, no léxico do século XIX, o movimento intelectual dos séculos XV e XVI é denominado de *Risorgimento* (o ressurgimento). É apenas a partir da influência de Jacob Burkhardt que o conceito de *Rinascimento/Renaissance* se afirma. Para evitar confusões desnecessárias, a expressão italiana *Risorgimento* é traduzida por "Renascimento" sempre que se referir aos séculos XV e XVI. Quando se referir ao processo de unificação da Itália no século XIX, o vocábulo será mantido no idioma original.

Aqui, aparecia a ideia do Renascimento como um período de esplendor intelectual e artístico mas, ao mesmo tempo, de decadência moral, religiosa e civil.[6] Neste discurso, o crítico falava de um Renascimento do século xv que era, na verdade, um momento de decadência e não de glórias.

A Itália, naquele tempo, estava em um alto grau de potência, de riqueza e de glória; nas artes, nas letras e nas ciências alcançara um patamar que poucas e privilegiadas nações conseguiriam. Para De Sanctis, o Renascimento fora um momento em que a vida intelectual buscava recuperar seus fundamentos na vida dos antigos, na *polis* grega e na antiga República romana (DE SANCTIS, 1961, p. 1047). Entretanto, faltava aos renascentistas italianos o sentimento nacional, e estes "eram movidos por um sentimento mais alto, se sentiam cosmopolitas e foram benfeitores da humanidade, ao mesmo tempo em que viviam, entre si, o holocausto" (DE SANCTIS, 1974, p. 208).

Além do cosmopolitismo, De Sanctis buscava em Maquiavel o ponto alto da formulação sobre o conflito entre vida intelectual e vida política. Para De Sanctis, *Il Principe*, livro mais conhecido do secretário florentino, traduzido em muitas línguas e base de julgamento de sua vida e de sua obra, fora avaliado, ao longo da história, não por sua consistência lógica e científica, mas através de um valor moral ainda influenciado pela visão de mundo clerical. Essa "valorização" moral fizera com que "maquiavelismo" passasse a ser identificado amplamente como doutrina da tirania, da justificação pura e simples dos meios pelos fins. Este foi, por exemplo, o argumento base do *Anti-Machiavel*

---

6   Momento com o qual a Reforma protestante contrastaria posteriormente: esta, ainda que significasse um "regresso cultural" em sentido artístico na Europa, do ponto de vista moral e civil significava um progresso na medida em que sustentava a liberdade da consciência e impulsionava o desenvolvimento dos Estados nacionais (ver BARBUTO, 2000, p. 45; cf. GRAMSCI, 1975).

escrito por Frederico II, rei da Prússia, em 1739, como uma tentativa de "refutação" do secretário florentino.

Ao escrever sobre Maquiavel, De Sanctis pretendia construir uma imagem alternativa e integral deste, "encontrar os fundamentos de sua grandeza" e, com isso, "o estudo sobre a literatura se tornava um estudo sobre a humanidade e sobre o pensamento da humanidade" com vistas a entender o presente do *Risorgimento* e buscar sua superação (DE SANCTIS, 1973, p. 515; VILLARI, 1907, p. 171). Tratava-se, portanto, de uma operação complexa e com sentido claramente histórico-político. Afinal, a reconstrução da tradição literária nacional era um momento crucial da formação da própria nação; para tal, a reconstrução do lugar do secretário florentino na cultura nacional da península foi levada a cabo a partir da comparação com outro intelectual florentino do Renascimento, o diplomata e historiador Francesco Guicciardini (1483-1540), autor, entre outras, da monumental *Storia d'Italia*.

O pensamento de Guicciardini também vinha sendo retomado no contexto do *Risorgimento*, o que pode ser notado pela publicação, em vários volumes, de suas *Opere Inedite*, um conjunto de ensaios e uma parte importante do epistolário do diplomata de Firenze, em 1857.[7] A principal motivação neste retorno *risorgimentale* a Guicciardini era buscar sua aproximação com Maquiavel (cf. MANCINI, 1852). Esta era feita por meio da suposição de que haveria em ambos um "pensamento

---

7   Esta publicação fora iniciativa de seus descendentes, os condes Luigi e Piero Guicciardini, com objetivo de destacar que a importância histórica e política do diplomata "não era inferior às obras de Maquiavel" (GUICCIARDINI, 1857, p VII). Desta interessante publicação inédita dos "papéis secretos" de Guicciardini, guardados mais de 300 anos por sua família, cabe destacar o ensaio *Considerazioni intorno ai Discorsi del Machiavelli sopra la prima deca di Tito Livio* (cf. TEIXEIRA, 2007, p. 326). Neste, Guicciardini concentrou sua atenção nos principais capítulos dos *Discorsi*, ou seja, aqueles nos quais Maquiavel "trata os mais importantes argumentos sobre a ciência e arte do Estado" (GUICCIARDINI, 1857, p. XXV).

constitucional", com o qual Maquiavel contribuía por meio da "arte" da política, enquanto caberia à Guicciardini a "ciência" (GUICCIARDINI, 1857, p. XXVI; ver MANCINI, 1852, p. XLIV). Apesar disso, se reconhecia a "sensível discrepância" no que diz respeito ao governo "temperado pelas leis" e pela prudência, defendidos por Guicciardini, e o governo popular e virtuoso defendido por Maquiavel (*idem, ibidem*, p. XXV; cf. TEIXEIRA, 2007, p. 327).

De Sanctis, por sua vez, enfatizava exatamente estas discrepâncias, e questionava a afirmação dos pressupostos comuns. Para o crítico, era comum ao pensamento de Guicciardini observar – tal como Maquiavel – de forma precisa e com exato sentimento as condições italianas no período do Renascimento. Porém, esta atitude era limitada pelo fato de que, ao contrário do secretário florentino, "sua consciência estava vazia e petrificada" (DE SANCTIS, 1973, p. 514). O diplomata florentino enfatizava a separação entre filosofia e práxis e afirmava que "conhecer não é colocar em ato". Assim, embora Guicciardini fosse um amante da liberdade bem ordenada, da laicização da política, da independência e da unidade italiana, esse amor era platônico. Este "homem positivo que se preocupa apenas do particular" era, para De Sanctis, apenas "o primeiro estágio do realismo" (WELLEK, 1978, p. 42).

O realismo de Guicciardini, por ser "apenas particular", se tornava abstrato; não impregnava sentimentos vivos e forças operantes; era apenas formado por ideias e opiniões, nunca por um programa, um plano. O homem sábio definido e defendido por Guicciardini não era, desse modo, um homem de ação. O discernimento não estava voltado a instruir uma prática; era apenas o sábio consciente dos perigos enfrentados, superior aos seus compatriotas que nada viam ou que viam o que não existia, cheio de desprezo pelos homens vulgares que não

POLÍTICA E LITERATURA 71

tinham um olhar treinado e uma mente perspicaz como a dele. Mas toda essa inteligência só lhe permitia ser irônico. Nada mais.

O pensamento de Maquiavel, por sua vez, assumia toda sua força por que era também voltado para a dimensão coletiva, universal. Nele havia a ideia de que a Itália não poderia manter sua independência se não fosse unida inteiramente, ou em grande parte, sob um príncipe (DE SANCTIS, 1973, p. 512). Para De Sanctis, nesse sentido, o Renascimento maquiaveliano era capaz de se projetar para o futuro, até o século XIX na Itália, como uma referência para o *Risorgimento*. Afinal, já em seu tempo, Maquiavel percebera que entre os intelectuais italianos havia a arte e a filosofia, mas faltava a ciência *e* a arte da política.

Em De Sanctis, o tempo de Maquiavel inaugurara o intelecto "maduro" que adquiria consciência de sua autonomia, e se distinguia de todos os elementos de sentimento e imaginação, em meio aos quais havia crescido crente e ignorante de si mesmo. Era o indivíduo que contrapunha de forma complexa sua autonomia aos absorventes organismos do "ser" coletivo medieval, para se proclamar fim e não meio. Ao mesmo tempo, para De Sanctis, por meio da noção de autonomia passara a ser possível realizar a crítica do sistema feudal e fundamentar um pensamento político de reação a limites, temporalidade e espacialidade deste sistema.

Era uma ciência da política que nascia e percebia que no medievo não existia o conceito de pátria, mas apenas o de fidelidade e de subordinação. Os homens nasciam todos súditos do papa e do imperador, os representantes de Deus, um como espírito e o outro como corpo da sociedade. Porém, se existiam ainda o papa e o imperador, a ciência – tal como em Guicciardini – ajudava a derrotar nas classes cultas a concepção sobre a qual se fundava este poder. Esta ciência combatia o conceito de um governo estreito e tratava asperamente as

72   DANIELA MUSSI

reminiscências feudais (os *gentiluomini*, por exemplo). Além disso, tornava a pátria o fundamento da nova vida.[8]

No discurso *Scienza e Vita*, proferido por De Sanctis logo após o fim da unificação da península, encontramos uma ideia importante: no apagar das luzes do Renascimento, a ciência passara a fornecer a legitimidade e a política a consolidar sua autonomia.[9] Sobre isso, porém, De Sanctis colocava agora um importante e conhecido questionamento: "*A ciência é dessa vida, toda a vida?*" ou, de outra maneira, pode a ciência substituir ou absorver em si a arte da política? A resposta era negativa na medida em que a ciência precisaria ser sempre vista como resultado da vida e não como princípio desta (cf. DE SANCTIS, 1961). Nesta resposta residia a diferenciação que De Sanctis realizava entre Guicciardini e Maquiavel.

A compreensão do período posterior a 1848 na Itália é de fundamental importância para clarificação dessa reflexão. Em 15 de maio deste ano, início da chamada Revolução Napolitana, De Sanctis foi

---

8   "Eu acredito que a maior honra que podem possuir os homens é aquela que voluntariamente oferecida pela pátria, acredito que o maior bem que se pode realizar, que mais agradará a Deus, é aquele que se faz à sua pátria" (MACHIAVELLI, 1971, p. 30.). Em primeiro momento, a pátria era vista como a comuna livre por sua virtude, mas o secretário florentino não podia deixar de perceber o fenômeno histórico real e efetivo de formação dos grandes Estado, europeus e o consequente desaparecimento da própria comuna com todas as outras instituições feudais. Sua ciência o permitia propor, ao ampliar o conceito de pátria, a constituição de um grande Estado italiano que pudesse defender a nação das invasões estrangeiras (DE SANCTIS, 1973, p. 520). Nesse sentido, para De Sanctis, era possível afirmar que, de certa maneira, Maquiavel projetara uma espécie de "filosofia da história e do direito dos povos" como base científica e ponto de partida político (*idem, ibidem*, p. 523-524).

9   A ideia de "autonomia da política" em sua leitura do pensamento de Maquiavel se tornaria, posteriormente, o ponto de partida para Benedetto Croce na empreitada de "continuação" do pensamento de De Sanctis.

POLÍTICA E LITERATURA   73

preso em Nápoles pelas forças do governo de Ferdinando II, no mesmo dia em que teve sua casa metralhada e um de seus melhores alunos, Luigi de La Vista, fuzilado. O crítico passou dois anos preso no Castel dell'Ovo, e depois se exilou em Turim, num contexto em que o patriotismo se tornara o "sistema de criticismo predominante na Itália" em todas as áreas (VILLARI, 1907, p. 173). Este fora, também, o momento da difusão do pensamento de Vincenzo Gioberti e sua teoria do "primado italiano", "um sistema político-filosófico que interpretava o universo e sua história para um uso especial e benefício da Itália" (*idem, ibidem*, p. 174).[10] De Sanctis, derrotado exilado em Turim, passava a deixar para trás qualquer laço com esse patriotismo concebido abstratamente para pensar a "realidade dos eventos" e as formas de preparação efetiva das novas gerações para as novas lutas pela unificação que se iniciavam (*idem, ibidem*). Esse foi o clima que preparou sua apropriação do pensamento de Maquiavel.

A arte da política encontrava seu *vir a ser* em um programa no início do último capítulo de *Il Principe: Exhortatio ad capessendam Italiam in libertatemque a barbaris vindicandam* [Exortação *a* tomar a Itália e libertá-la das mãos dos bárbaros]. Tratava-se de um vir a ser concreto, enraizado profundamente na realidade de sua época. De Sanctis via que as condições desse presente – no qual os resquícios do feudalismo eram ainda vivos e operantes – impunham impasses ao programa maquiaveliano, à sua arte da política. Porém, estes limites,

---

10   Gioberti (1801-1852) foi um sacerdote, político e intelectual italiano muito influente no período do *Risorgimento*, tendo sido o primeiro presidente da Câmera dos Deputados do Reino da Sardenha e o responsável teórico do movimento *neoguelfo*. Em 1846, tornou conhecido o tratado *Del primato morale e civile degli Italiani*, onde apresentou a ideia de que a Igreja seria a base da fundação do bem-estar da vida humana e afirmou a supremacia da Itália sobre os outros países sob a restauração do papado e de seu domínio moral.

74   DANIELA MUSSI

estes "enigmas", não impediam Maquiavel de fundir, em sua utopia, o passado e o presente italianos, por meio da projeção da unidade e independência nacional que seria realizada por uma liderança política, caracterizada na imagem de um príncipe virtuoso.

Assim como Maquiavel, De Sanctis procurava ter "um olho no passado e outro no presente" e percebia que a "época" de Maquiavel não fora comparável ao seu mérito, sendo que, justamente por isso, o florentino era visto mais como homem *di penna* que homem de Estado (SAVARESE, 1983, p. 9). Maquiavel, apesar disso, era alguém que "tomava parte", era um homem de partido, que participava da vida e, reduzido à solidão, se afastava da sociedade e passara a interrogá-la (DE SANCTIS, 1973, p. 515). Da mesma forma, De Sanctis via a si próprio como

> um novo intelectual meridional (...) um homem de cultura ativo no esforço de buscar métodos e conteúdos eficazes para fundar uma nova escola, mas que não exclui dos próprios interesses os especificamente políticos, de propor-se como intermediário entre as populações atrasadas do Sul e um aparato estatal que evolui rapidamente de regional para nacional-unitário (SAVARESE, 1983, p. 5).

Da mesma forma como em Maquiavel, para De Sanctis "o verdadeiro ideal é a história, a ideia realizada", como "ideia vivente, contida no real" (cf. DE SANCTIS, 1973). Por meio desta passagem reveladora, nas últimas páginas de sua *Storia*, o "homem de Maquiavel" parece personificar um novo homem, "sem a face estática e contemplativa do período medieval" *do homem de Guicciardini*, e "sem a face tranquila e idílica" do Renascimento (PISANTI, 1978, p. 348). Este é um homem moderno que "opera e trabalha sobre um objetivo". De Sanctis percebia que a função de "educador" assumida por Maquiavel – já que "se não se podia operar era preciso ensinar"[11] – fundava uma relação de tipo nacional e popular para com a realidade italiana, que era ao mesmo tempo a base de seu realismo e de sua ciência (*idem*, *ibidem*, p. 537). O verdadeiro maquiavelismo, para De Sanctis, era o programa do mundo moderno, desenvolvido, corrigido, ampliado e mais ou menos realizado por Maquiavel, e as nações que se aproximassem dele seriam grandes nações. Isso porque o programa de Maquiavel no Renascimento procurava superar os impasses aos quais este havia chegado. Para De Sanctis, esse programa era justamente o necessário para expandir os limites do novo *Risorgimento* italiano: ao mesmo tempo, um programa de inclinação antipapal, anti-imperial, antifeudal, civil, moderno e democrático (DE SANCTIS, 1973, p. 551).

Crítica do *Risorgimento:* escola liberal e escola democrática

A Itália na qual De Sanctis viveu conquistava uma difícil e complexa vida política e econômica unitária. Essa integração era tensionada por contradições latentes, especialmente pelas dificuldades de organização de uma administração racionalizada do Estado e de uma vida moderna e urbana à qual as massas italianas, especialmente as camponesas da região meridional, pudessem ser "amalgamadas". Essas

---

[11] Por isso, a contragosto, Maquiavel sabia que poderia ser considerado mais próximo dos filósofos como Aristóteles e Platão que dos políticos como Sólon e Licurgo: "Essa glória foi sempre tão estimada pelos homens que não aspiram mais do que a glória que, não podendo construir uma república de fato, criaram-na por escrito, como Aristóteles, Platão e muitos outros. Eles quiseram mostrar ao mundo que mesmo não tendo a oportunidade de fundar um novo viver civil, como fizeram Sólon e Licurgo, isso não foi resultado de sua ignorância, mas da impotência de realizá-lo de fato" (MACHIAVELLI, 1971, p. 30-31).

76 DANIELA MUSSI

dificuldades, amplamente conhecidas e debatidas na época, se expressavam nos problemas de condução da vida cotidiana, como o da reforma escolar, da unificação da língua, da produção de uma literatura nacional etc. De Sanctis compartilhava essas preocupações, que compuseram um interlocutor implícito e explícito de seus escritos. Assim como ele, diversos intelectuais e homens da vida pública italiana da época expuseram suas opiniões sobre esses temas, para os quais apontaram saídas às mais diversas.

As opiniões de De Sanctis sobre os intelectuais desse período estão presentes em uma de suas 23 *Lezioni* sobre a "escola liberal", ministradas na Universidade de Nápoles entre 1872-1873, bem como nas 13 lições sobre a "escola democrática", ministradas entre 1873-1874.[12] Com essas "lições", De Sanctis tinha por objetivo traçar um panorama, ainda que provisório, do ambiente literário italiano em transformação do século XIX, dividindo-o entre os intelectuais da escola liberal e os da escola democrática (cf. SAPEGNO, 1992, p. 199). Essa reflexão sobre as tendências do pensamento literário italiano envolvia poetas, escritores e pensadores e permitia construir uma visão geral sobre a história político-cultural do *Risorgimento*, bem como interpretar o desenvolvimento das lutas desse período (DE SANCTIS, 1897, p. 11).

A divisão entre escola "democrática" e "liberal" não era apenas uma divisão metodológica, mas eminentemente política, com vistas a estabelecer uma conexão interpretativa entre "literatura e vida, entre atividade literária e situação político-social" (*idem, ibidem*). Essa terminologia usada por De Sanctis sistematizava o processo de desenvolvimento das atividades culturais na sociedade italiana do século XIX e indicava as correntes intelectuais surgidas em um novo momento

---

12   As *Lezioni* foram recolhidas e publicadas por aluno de De Sanctis, Francesco Torraca, com prefácio de Benedetto Croce, em 1897, com o título *La letteratura italiana nel secolo XIX: scuola liberale – scuola democratica*.

histórico no qual a relação entre Estado e povo se convertera em centro da política. Nesse novo momento, toda atividade prática tendia a criar "uma escola para os próprios dirigentes e especialistas e, consequentemente, (...) a criar um grupo de intelectuais de nível mais elevado, que ensinem nestas escolas" (Q. 12, §1, p. 1530). Ou, ainda, pensando mais propriamente a atividade política:

> A classe burguesa coloca-se a si mesma como um organismo em contínuo movimento, capaz de absorver toda a sociedade, assimilando-a a seu nível cultural e econômico; toda a função do Estado é transformada: o Estado transforma-se em "educador" etc. (Q. 8, §2, p. 937).

A escola liberal pensada por De Sanctis, como organismo de concepção e difusão/concretização de uma visão da vida unitária italiana, possuía a preocupação com "uma boa e legível história geral antiga e moderna" da Itália. Essa necessidade foi expressa pelo "historiador e homem político" piemontês Cesare Balbo (1789-1853) em 1847, para quem faltava:

> a história particular dos Estados; aos adultos e às crianças, para as mulheres; faltam biografias sobre os grandes homens, contos abreviados de vidas, um Plutarco italiano; e nos falta bem feita, legíveis, muitas daquelas histórias municipais, que foram feitas, ainda que ilegíveis, no século XVII; e não terminaria mais se tivesse que dizer tudo o que falta de fato em matéria de histórias nacionais (*apud* MAZZONI, 1949, p. 1085).

Balbo, influenciado pela filosofia de Antonio Rosmini (1797-1855) e Vincenzo Gioberti (1801-1855), era um historiador e escritor importante, reconhecido por seu esforço por converter em um programa político concreto as expectativas contidas no "método liberal democrático", para usar um termo desanctisiano:

> Fundamentalmente, o que queriam Manzoni, Rosmini, Cantù, Tommaseo, Gioberti, Balbo, d'Azeglio? O que os separava da escola republicana ou radical? Queriam que, uma vez constatado que a Itália não poderia ser feita através de revoluções, seitas, conspirações, fosse feita conciliando todas as forças e todos os elementos, o papado e a monarquia com a liberdade e o progresso civil. Conciliação quer dizer compromisso (...) os liberais deveriam renunciar aos meios violentos, aceitar uma Itália com a presença do papa e dos príncipes (DE SANCTIS, 1897, p. 318-139).

Esse ideal fundamental em Rosmini e Gioberti era filosófico, e estes acreditavam poder formar uma base filosófica a partir do "expediente político" que tinha origem no período de 1815, com um programa de reforma do catolicismo, a partir de tentativas de fusão do pensamento clerical com o liberalismo. Especialmente Gioberti, com sua teoria do "primado", buscava mostrar

> que o sistema não era apenas útil, mas racional e verdadeiro, para unificar não apenas os homens políticos, mas também a opinião, criar uma opinião nova na qual pudessem convergir os príncipes, os papas e os liberais (*idem, ibidem*, p. 319).

Gioberti sabia que, para a política da Itália do século XIX, "para ter razão, é insuficiente demonstrar que se tem (...) não basta reduzir o adversário ao silêncio, (...) quando quem escreve não tem o poder de domar a vontade" (GIOBERTI, 1846, p. 15). Sua filosofia se fundava sobre um pensamento profundamente elitista, ainda que conservasse um elemento de realismo importante, que lamentava: "a verdade filosófica de hoje se chama legião: essa se funda sobre os votos, não sobre os argumentos; e os votos mesmos não são pesados, são contados" (*idem, ibidem*).

Balbo, por sua vez, nutria preocupações de um homem político, para quem "o importante para um povo é saber o que quer, para onde quer ir, e que nada enfraquece mais um povo que a incerteza de seus objetivos" (DE SANCTIS, 1897, p. 319). No processo da unificação italiana, Balbo defendia como princípio a "hegemonia piemontesa, não apenas como oportunidade, mas como missão histórica", e por isso De Sanctis o considerava um historiador e também um político (*idem, ibidem*, p. 325 e 330).

De Sanctis sinalizava, dessa forma, uma diferença no interior da escola liberal entre o filósofo (concepção) e o homem político (difusão/concretização), para valorizar especialmente este último: "o primeiro tem como dado um princípio e as ideias que daí surgem, o segundo tem como dado a realidade; e quem grita sempre: é preciso ficar com os princípios, trocar a filosofia pela política" (*idem, ibidem*, p. 320). Balbo reconhecia o papel que as "paixões públicas e privadas" possuíam no desenvolvimento do processo político de unificação, e para organizar tal processo e evitar seu fracasso afirmava a necessidade de "educar a razão" para a ação (BALBO, 1857, p. 13). A valorização das ideias de Balbo por De Sanctis tinha limite, no entanto, em seu exagerado moderantismo, típico da escola liberal:

> Muitos foram os exageros da ideia de unidade em 1848, que seria imortalizada por seus exageros. Se Deus proteger a civilização, ou seja, destruir os exageros recíprocos e promover o retorno à moderação social, creio que cessará essa exageração da unidade,

> que as nações se contentarão com aquela [unidade]
> mais moderada (*idem, ibidem*, p. 12).

Doutrinário, até mesmo mecânico, Balbo "dava muita importância à forma exterior e mecânica, sem saber que abaixo dela existem homens, interesses, paixões, que cedo ou tarde rompem o invólucro e produzem outros fenômenos na história" (DE SANCTIS, 1897, p. 330). Para De Sanctis, o exagero de Balbo em pretender essa conciliação havia produzido uma "fraqueza de caráter".

Além de Balbo, é importante comentar o juízo de De Sanctis sobre outro intelectual da escola liberal, Cesare Cantù (1804-1895). Historiador e crítico literário católico, Cantù escreveu *Ezzelino da Romano* (1833), *Storia di cento anni* (1851), *Storia degli italiani* (1854-1856), *Storia della letteratura greca, latina, italiana* (1863-1865), além dos 35 volumes da *Storia Universale* (1838-1846) (*idem, ibidem*, p. 1091-1092). Esta última fora uma "feliz especulação editorial do *ottocento* italiano, a obra certamente mais lida e consultada durante cinquenta anos na Itália" (BARBUTO, 2000, p. 42).

Mas, para De Sanctis, ainda que essa "história universal" falasse de um mundo cultural moderno italiano, em muitas edições,[13] mantinha um sentido católico-reacionário em sua metodologia e concepção de história, "fiel ao princípio de conciliação universal, fornecido pelo Cristianismo" (CANTÙ e CARLETTI, 1835, p. LII).

> Cantù não era um verdadeiro historiador, mas um panfletista. Ele não elaborava em uma síntese orgânica os diversos fatos históricos. Também como crítico de

---

13   "Teve muitas edições, foi traduzida em francês, não faltou a chamada claque dos jornalistas, elogio dos jornais franceses, alemães e italianos, e também aquilo que contribui muito para a visibilidade dos livros, críticas violentas" (DE SANCTIS, 1897, p. 247).

arte e de literatura falia, porque separava forma e conteúdo, convertendo seus preconceitos moralistas em análises pseudo estéticas (BARBUTO, 2000, p. 42).

Cantù, para De Sanctis, era um homem de ação política, mas não possuía "sentido histórico", um nexo entre ideal e real, necessário para conectar a história do mundo cristão à história da modernidade. Ainda que muito divulgada, a obra de Cantù era "falsamente popular" na opinião de De Sanctis, como tentativa de fundir o mundo clerical e o mundo laico no Estado, e isso se expressava no repúdio do historiador católico à figura de Maquiavel, vista como "negação de Cristo, do direito e do progresso, vazia e ateia" (BARBUTO, 2000, p. 44; CANTÙ e CARLETTI, 1835, p. LII). Mais do que negação a Maquiavel, a visão de Cantù expressava um movimento histórico reacionário vivido na Itália como "reação até o ódio contra o século XVIII":

> Voltaire era a besta negra [*bestia nera*], um alvo para as flechas [*segno agli strali*] de todos os jovens escritores do novo século, e também para Cantù (...) De quê se acusava o século XVIII? De haver falseado a história, lhe engrandecendo as proporções. Não era mais a história estreitamente política como aquela de Maquiavel e de Guicciardini; eram vistas as causas internas, e nem tanto aquelas que moviam os atores principais, mas as grandes causas, sociais e coletivas, religião, literatura, ciência, arte, instituições políticas, econômicas, sociais: imenso e novo material que o século XVIII trouxe para determinar a história (DE SANCTIS, 1897, p. 245).

O movimento político-cultural do qual Cantù fazia parte acusava os intelectuais do século XVIII de haver usado o "novo material" que era a descoberta das "causas sociais e coletivas" de maneira distorcida, como

82 DANIELA MUSSI

instrumento "para propagar certas ideias religiosas, filosóficas e políticas" (*idem, ibidem*, p. 246). Era uma reação, porém, que incorria no mesmo erro e "mutilava, distorcia, exagerava os fatos para a propaganda e justificação de um novo complexo de ideias" que se transformava, de reação religiosa em movimento filosófico: "sempre foi profanação da história como história, se partia de certos preconceitos e se usava os fatos, conscientemente ou não, para mostrar a justeza e a verdade de qualquer conceito filosófico" (*idem, ibidem*).

O mais importante elemento que permitia a unidade de fundo de Cantù com os demais intelectuais da escola liberal era que, no desenvolvimento desta história como metafísica, era possível verificar a presença de "certo espírito de conciliação, que não pode ser chamado de reação (...) todos os elementos são conservados, são alargados: é como uma sistemática compreensão de tudo" (*idem, ibidem*). Desconfiado da sistemática e conciliatória "compreensão de tudo", De Sanctis "nunca possuiu a ambição de formular uma estética, preferia se dedicar sempre e tenazmente ao concreto, aos textos" (BRANCA, 1978, p. 1). Disso derivava também sua desconfiança em relação à moderação da escola liberal, contra a qual pretendia desenvolver uma ação política com vistas a um programa político progressista. Contudo, o crítico percebia as dificuldades que a intelectualidade democrática, com seu estilo retórico, possuía em "ordenar" um universo ideológico e artístico capaz de se tornar popular na Itália que se unificava:

> Para resumir, uma escola tem por princípio uma ordenação histórica, a verdadeira – diferentemente de uma ordenação de ideias, de uma ordenação ideal –, uma possui estilo analítico, outra sintético. A primeira possui uma língua próxima da falada, a segunda uma língua solene, quase apostólica, por vezes degenerando em retórica, porque nem sempre possui calor, ou então

seu calor é fictício. É por isso que muitos da escola liberal tornaram-se populares, e quase nenhum livro da escola democrática pode ser reconhecido como tal verdadeiramente (DE SANCTIS, 1897, p. 396).

Embora discordasse da relação que o liberalismo moderado havia mantido com o movimento intelectual do século XVIII, De Sanctis reconhecia o mérito deste em perceber o impacto que a descoberta das "causas sociais e coletivas" tivera sobre as ciências. A escola liberal, diferentemente da escola democrática, se colocava a necessidade de pensar a atividade intelectual com vistas à direção de grandes massas nacionais, ainda que, para isso, doutrinariamente convertesse a liberdade em procedimento para fundar seu próprio realismo histórico (*idem, ibidem*, p. 380).

Os intelectuais da escola democrática, por sua vez, foram responsáveis pela recuperação do sentimento, da fé e do ideal de uma "sociedade fundada sobre a justiça distributiva, sobre a igualdade de direito, a qual, para os mais avançados, era também uma igualdade de fato" (*idem, ibidem*, p. 387). Dessa igualdade nascia o conceito de povo, conectado ao conceito de liberdade, sob a ideia de República, de governo de todos (*idem, ibidem*, p. 388). Diferentemente dos liberais, esses intelectuais possuíam o mesmo ideal democrático que os do século XVIII, embora não compartilhassem o mesmo "método":

> A democracia do século XVIII foi insurreição em nome dos direitos e da liberdade do indivíduo contra a onipotência do Estado, contra o arbitrário, o despotismo, e a tirania. (...) A revolução foi a proclamação dos direitos individuais (...) mas que coisa são os indivíduos? Átomos errantes. O que é esta liberdade individual em relação ao potente organismo das classes superiores? Para que a liberdade seja eficaz, a base do

> organismo social novo não deve ser a liberdade, mas sim como assegurá-la (…). Assim, é posto como princípio fundamental da democracia moderna a constituição da nacionalidade. A democracia francesa não se interessou por esta questão por que já possuía uma pátria: importava para ela construir as outras nações. (…) Nasce o movimento que conflui na unidade italiana e alemã (…). Esse é o ideal democrático. Então, com que meios se pode alcançá-lo? A escola liberal diria: deixe estar a sociedade a si mesma, que reine em tudo a liberdade. A escola democrática não rejeita *a priori* o princípio, o aceita, em geral (DE SANCTIS, 1897, p. 388-390).

Os intelectuais democráticos acreditavam que os "meios morais" proclamados pelos liberais eram insuficientes, já que a constituição da "verdadeira unidade nacional" italiana progrediria muito lentamente somente sob as leis da natureza e da história (*idem, ibidem*, p. 390). Era preciso que partisse da "classe inteligente" uma "força impulsiva, igualitária e aceleradora do movimento social como motor cultural; caso contrário, os diversos elementos sociais permanecem anárquicos, disseminados, sem unidade" (*idem, ibidem*, p. 391). Para De Sanctis, a escola democrática opunha o ideal à formula realista liberal e sobre esta compunha seus tratados filosóficos e suas fórmulas, em especial da ideia da unidade entre "pensamento e ação" (*idem, ibidem*, p. 393). Para Mazzini, por exemplo,

> somente aquilo que nós mesmos realizamos atuando é nosso, e qualquer outra coisa nos escapa; por isso o ato mesmo de combater para o bem assegura a vitória, ainda quando no combate sucumbam os indivíduos. A luta é vida: e a verdadeira morte é a falta de ação,

quer dizer, não saber vencer o "eu" inferior que impede e retém o "eu" superior (MONDOLFO, 1942, p. 73).

A literatura resultante dessa formulação "religiosa e heroica da ação", ao contrário de partir "do estado atual da sociedade", partia "da ordem ideal sobre a qual se deve fundar a sociedade": os liberais se conectavam "ao que existe", enquanto os democráticos "ao que deve existir" (DE SANCTIS, 1897, p. 394; cf. MONDOLFO, 1942, p. 74). Os democráticos, nesse sentido, não concebiam uma literatura que possuísse "fundamento no verdadeiro", num "ideal medido e limitado", mas faziam do ideal o pedestal de sua literatura (DE SANCTIS, 1897, p. 394). Dessa forma, criticava De Sanctis, a escola democrática via as coisas de maneira abstrata e sua razão se convertia em doutrina. Seu estilo sintético "partia de uma ordem ideal pré-estabelecida sem discussão", ainda que poética pelo "calor de seu sentimento" (*idem, ibidem*, p. 395).

Embora reconhecesse o valor do pensamento democrático, De Sanctis não concordava com a ação política insurrecional, revolucionária, influenciada pelos jacobinos da Revolução Francesa; neste ponto, tendia a se aproximar do que considerava ser o realismo político dos liberais moderados. O crítico percebia que o caráter abstrato da formulação democrática se devia justamente à ausência de uma avaliação política clara em relação à Revolução Francesa por parte desta. Um dos principais expoentes da escola democrática, Giuseppe Mazzini (1805-1872), líder político que possuiu um papel fundamental na difusão do ideal de unidade nacional italiana, era um exemplo: conservava uma posição antijacobina e, ao mesmo tempo, abstratamente insurrecional.

Republicano e organizador político, Mazzini partiu para o exílio na França em 1830, onde organizou um movimento chamado "Jovem Itália", cujo lema era "Deus e o povo". Retornou para a Itália mais tarde e participou da insurreição de 1848 e da breve experiência da República de Roma. Mais tarde, com a unificação nacional sobre a forma monárquica em 1870, Mazzini continuou a defender a construção de uma República italiana, sendo exilado novamente. Para Mazzini, a Itália possuía uma "missão de mostrar a estrada a ser percorrida para alcançar uma sociedade melhor", já que a França havia exaurido sua missão revolucionária em 1789 (SARTI, 1997, p. 4).

Com isso, o democrático buscava sustentar suas posições numa história de glórias italianas, da Roma antiga até o esplendor do Renascimento e as tradições universitárias católicas. Diferentemente de De Sanctis, Mazzini possuía uma visão cosmopolita da história italiana, incompatível com um pensamento pragmático do processo político de unificação tal como se dava no século XIX. Assim, por ter participado do processo de unificação, Mazzini poderia ser considerado um "vencedor" dela. Republicano, porém, sob uma Itália unificada na forma de monarquia, Mazzini era ao mesmo tempo uma "vítima" do *Risorgimento* (*idem, ibidem*, p. 3).

Essa contradição vencedor/vítima se torna mais visível se o processo de unificação for pensado em sua totalidade, em especial para responder à questão gramsciana sobre "quem dirigiu verdadeiramente este processo?", ou ainda à questão desanctisiana sobre "qual literatura era mais acessível ao povo italiano sob a unificação: a literatura feita pelos democráticos ou pelos liberais moderados?". A resposta, para ambos, foi a mesma: a dos liberais moderados. O cosmopolitismo da escola democrática, percebido por De Sanctis, era fruto da ausência de uma concretude histórica em sua análise da situação política, era um fato de explicação fundamental das posições de Mazzini e da derrota política das mesmas.

Ao mundo sistemático dos liberais, os democráticos opunham um mundo sentimental, romântico, que apesar do universalismo apelativo era menos acessível e seguido pelas classes subalternas; suas ideias e concepções não possuíam longo alcance, eram politicamente fracas. Sua linguagem, solene e literária, não se preocupava em instruir, mas apenas em inflamar. Para De Sanctis, isso explicava como a corrente democrática do *Risorgimento* estivera sob a hegemonia da escola liberal no "movimento supremo" da unificação, compondo com seus "espíritos elevados" o quadro político dirigido pelos "homens de gênio" liberais (DE SANCTIS, 1897, p. 495).

A hegemonia moderada expressava o limite da capacidade das classes proprietárias italianas em conduzir a unificação, ao mesmo tempo em que evidenciava o alto grau de desagregação das classes subalternas, sua débil capacidade de impulsionar uma vida política democrática e popular para o Estado que se formava. A literatura italiana desse período era necessariamente tensionada por essas relações político-intelectuais. A história da literatura desanctisiana, por sua vez, referenciada em um método crítico, mantinha seu caráter aberto, determinado pelos conflitos das relações entre intelectuais/partidos/escolas e povo, e indeterminado em seus resultados.

As ideias desanctisianas, contudo, não poderiam e não foram valorizadas por Gramsci de maneira direta: foi preciso dialogar com o maior difusor das obras do crítico literário *risorgimentale* na península, que era, ainda, no início do século XX, o intelectual responsável pela canonização de uma interpretação da *Storia*. Para alcançar e julgar a crítica literária de De Sanctis, Gramsci precisou enfrentar a filosofia de Benedetto Croce.

3. Benedetto Croce e a crítica literária dos "distintos"

A valorização do pensamento de De Sanctis foi realizada por Gramsci através da reflexão sobre o papel desempenhado por este crítico literário e por sua obra na Itália *risorgimentale,* bem como por um balanço das consequências do movimento intelectual como um todo sobre os conflitos italianos do século XIX e também do século XX. No contexto em que Gramsci tomou contato com o pensamento de De Sanctis, porém, os principais intelectuais e dirigentes políticos do *Risorgimento* já haviam se convertido em "clássicos nacionais". A *Storia della letteratura italiana* de De Sanctis, por exemplo, ainda que não pudesse ser tomada por um "manual" de história da literatura, foi, aos poucos, reeditada em várias edições rivais uma até em papel inferior, a preços módicos para "o povo" (WELLEK, 1967, p. 93).

Quem contribuiu em grande medida para a difusão das obras e de uma interpretação das ideias desanctisianas foi Benedetto Croce (1866-1952), um dos mais influentes críticos e filósofos italianos do século que se iniciava. Filho de grandes proprietários de terras da região de Abruzzo, órfão dos pais mortos em um terremoto em 1883, Croce teve uma precoce, longa e intensa atividade político-cultural. Ao longo de 70 anos de vida intelectual, o filósofo foi responsável pela publicação de pelo menos 30 mil páginas, sendo 72 volumes de livros – cujos

92 DANIELA MUSSI

esboços de publicações e novas edições Croce corrigia pessoalmente. Além disso, acumulou um enorme epistolário, resultado da volumosa correspondência que manteve com inúmeros interlocutores, tais como Georges Sorel, Giovanni Gentile, Vilfredo Pareto, Antonio Labriola e outros (BADALONI e MUSCETTA, 1990, p. 18).

Croce foi escritor e também "promotor cultural", atuando como um protagonista das elites dirigentes italianas, como "educador moral e intelectual dessas", tendo exercido uma "função hegemônica no ambiente cultural italiano, que só poderia encontrar paralelo no lugar que Goethe ocupou na Alemanha do século XIX" (BIANCHI, 2008, p. 95). O filósofo napolitano viveu o período da involução do *Risorgimento* italiano, com a instauração da monarquia laica, até a primeira década da república democrática no século XX, marcada pela queda do fascismo e pela dupla interdependência italiana dos Estados Unidos e da Cidade do Vaticano (*idem, ibidem*). Além de filósofo, foi crítico literário, historiador, senador (a partir de 1910) e ministro da Educação (1920-1921).

Foi no processo de amadurecimento e conquista de sua autonomia como filósofo e homem político no final do século XIX e início do século XX que Croce se esforçou por converter De Sanctis em um "clássico nacional", procurando realizar a reabilitação deste, "cuja grandeza reivindicavam não apenas contra os professores positivistas, mas também contra Antonio Labriola e Giosuè Carducci" (*idem, ibidem*, p. 25). Ao assumir a tarefa de crítico e continuador de uma tradição intelectual renascentista, Croce estabeleceu com o pensamento de De Sanctis uma relação muito peculiar. O filósofo afirmava que apenas no final do século, com a publicação póstuma dos escritos desanctisianos a partir de 1896,[1] o pensamento de De Sanctis passara a ser investigado

---

[1] Publicação em Nápoles da *La Letteratura italiana nel secolo XIX* (1896) e *Scritti Vari* (1898), esta em dois volumes, de textos de De Sanctis, ambas organizadas por Croce.

POLÍTICA E LITERATURA 93

filosoficamente, em especial para debater a natureza da história e sua relação com a arte e a ciência.[2]

Nesse período, Croce reconhecia a importância da reflexão desanctisiana, especialmente sobre crítica literária, a qual buscava desenvolver no sentido da formação de uma nova ciência, depurando conceitualmente seu objeto e, por consequência, qual deveria ser seu sujeito, o "cientista da expressão". Assim, ao escrever sobre De Sanctis, Croce não estava apenas preocupado com a estética, mas construía os fios condutores de uma tradição na qual poderia encaixar-se como crítico-continuador, lançando as bases do que viria a ser sua "filosofia do espírito".

A figura de De Sanctis "democrático-burguês, homem de 1848, para o qual a vida intelectual e política se encontravam em um núcleo indissociável", não representava um modelo para Croce, mais inclinado à vida de "homem de estudo e pensamento" (*idem, ibidem*). Nesse caso, o filósofo procurava, assim como um dos seus maiores colaboradores em vida, Giovanni Gentile, outro caminho para contato com o pensamento desanctisiano (ver GARIN, 1974, p. 9). Este se daria através da proposição de um "renascimento do realismo", que teria tido início no século XIX com a formulação de princípios filosóficos alternativos aos das ciências positivistas, a partir de uma interpretação e valorização do Renascimento italiano do século XV, em especial de Maquiavel e Guicciardini (BADALONI e MUSCETTA, 1990, p. 26). Croce partia da ideia de que De Sanctis havia sido um homem fora de seu tempo, um pensador incompreendido:

---

2   Croce defendeu o pensamento de De Sanctis num contexto em que a antiga escola liberal, agora convertida em escola histórica, estabelecia uma relação de indiferença com seu pensamento. Sustentou vigorosamente as ideias desanctisianas, inclusive a classificação e as críticas que De Sanctis fizera ao pensamento *risorgimental* liberal e democrático, bem como assumiu a responsabilidade dos critérios e motivos para publicação das lições desanctisianas citadas acima (DE SANCTIS, 1897, p. 18-19).

> a obra de De Sanctis foi compartilhada, não sabemos se é possível dizer, muito tarde ou muito cedo. Muito tarde por que já terminara o período em que a Itália, com Galluppi, Rosmini e Gioberti e com o estudo do pensamento europeu, se voltava à grande filosofia (...) seguida de outra geração, com outras necessidades e tendências (...) não queria mais a filosofia e sim a ciência, não mais a grande história, e sim a pequena história (CROCE, 1973, p. 336).

Para Croce, a obra de De Sanctis não encontrara simpatia e inteligência adequada entre as gerações do século XIX, para as quais o crítico ora parecia mais um literato que um filósofo, ora se assemelhava mais a um filósofo que a um literato. Isso fora o que impedira a entrada eficaz de suas ideias na cultura italiana do século XIX e também o desenvolvimento do complexo "sistema crítico desanctisiano" que, de maneira quase imperceptível, "fazia época na história do pensamento" (CROCE, 1973, p. 337). Para Croce, as principais dificuldades das correntes intelectuais em se afirmar no contexto *risorgimentale* se relacionavam ao fato de que, neste período,

> perpetuava a confusão entre literatura e ideologia, entre obra poética e os antecedentes ético-políticos e, enfim, entre arte como técnica e a poesia propriamente dita. O juízo negativo [de De Sanctis em relação à historiografia do século XIX] se estende à constatação de uma geral deficiência de cultura, da mal sucedida elaboração de investigações preliminares e instrumentais de história geral e de metodologia, de erudição, de filologia, de análise e comentário monográfico, sem as quais é impossível a desejada obra de síntese, que não se reduza a pura compilação de noções informais (SAPEGNO, 1992, p. 198).

Para Croce, a empreitada crítica desanctisiana fora profunda a ponto de dar cabo da "crise da crítica literária, cujas premissas haviam sido colocadas na Itália com a formação da Poética do Renascimento, e depois na França com a Poética neoclássica e na Alemanha com o Romantismo" (CROCE, 1973, p. 337). Foi justamente para afirmar a vitalidade do pensamento desanctisiano e afirmar-se como seu continuador que Croce enfatizou sua reflexão estética, declarando-a, em muitos pontos, como influência direta sobre sua própria reflexão, especialmente a ideia da autonomia da arte e o conceito de forma artística (WELLEK, 1967, p. 94).

Além disso, no período imediatamente anterior à publicação dos escritos póstumos de De Sanctis, entre 1894-1895, ocorrera outro evento decisivo no desenvolvimento intelectual de Croce: as discussões e polêmicas sobre método e crítica literária, movimento através do qual o pensamento de De Sanctis era resgatado, coincidiram com a tentativa de revisão do materialismo histórico e dos problemas da economia marxista por Croce[3] (BADALONI e MUSCETTA, 1990, p. 24). Nesse período, as ideias de Karl Marx e Friedrich Engels causavam impacto no universo intelectual e político europeu, em especial sobre o "mestre" de Croce, Antonio Labriola (1843-1904).[4] A tentativa de revisão do marxismo por Croce resultou na publicação, em 1900, da primeira edição

---

3   Para Gramsci, Croce representava o "líder intelectual das tendências revisionistas dos anos de 1890" na Europa (Q. 10, §1, p. 1207).

4   Labriola, filósofo, conhecedor de Spinoza, Hegel e de Darwin, originalmente um partidário da *Destra storica* italiana, fora ao longo da vida se aproximando de uma concepção socialista, em muito influenciado pelos estudos da obra de Marx e pela correspondência que manteve com Engels na década de 1890. Croce e Gentile acompanham Labriola no interesse pelo marxismo, em especial na última década do século XIX. Este interesse se transforma ao longo dos anos, primeiro em uma tentativa de revisionismo da teoria marxista e depois como aberta tentativa de destruição desta "doutrina" por Croce e Gentile (BADALONI e MUSCETTA, 1990, p. 3).

96 DANIELA MUSSI

do livro *Materialismo storico ed economia marxistica,* uma compilação
de artigos nos quais o filósofo se apoiava em uma interpretação do
marxismo, da ciência e da vida moderna tributária do que julgava ser
um verdadeiro desenvolvimento filosófico renascentista, para o qual
De Sanctis teria contribuído no contexto do *Risorgimento* italiano. Em
1902, Croce afirmou que o marxismo

> rendera o benefício de ter completado minha cultu-
> ra filosófica com o conhecimento de um lado muito
> importante da atividade prática do homem, que é o
> lado econômico; e de ter formado em mim uma con-
> vicção política que, de uma plena persuasão das teses e
> previsões de Marx, se converteu em um liberalismo e
> radicalismo democrático" (*apud* GARIN, 1974, p. 10n).

Ao refinar sua própria posição filosófica em relação ao marxismo,
Croce atribuía a De Sanctis o desenvolvimento de uma metodologia
capaz de superar o formalismo e psicologismo do pensamento alemão
e francês, as fontes do "cânone prático de pesquisa histórica" marxista.[5] A perspectiva desanctisiana fora, na opinião de Croce, formulada
com vistas a resgatar uma tradição literária renascentista, superior ao
marxismo e na qual o critério fundamental estava em conectar os diferentes períodos e intelectuais não a partir das intenções políticas de
cada um, mas a partir do que "realmente" haviam produzido, ou seja,
da efetividade de suas obras para além de seu contexto histórico (cf.
CROCE, 1927).

Croce anunciava que para investigar a "efetividade" ou "realismo"
de uma obra, era necessário identificar cada autor e obra a partir de

---

5   Para Gramsci, a tentativa de reduzir o marxismo a um "cânone prático de
pesquisa histórica" e desconsiderá-lo "como concepção de mundo totalitá-
ria" foi a tônica do revisionismo de Croce (LC, p. 323).

uma "força de premissa", aquilo que distinguiria o "pensamento real", efetivo, de "elementos estranhos" ao mesmo. Apenas assim, afirmava, seria possível escrever uma "história da ciência". Francesco De Sanctis aparecia como um exemplo metodológico nesse sentido, já que adotara um "critério análogo no domínio estético, e considerara os poetas não segundo aquilo que queriam fazer, mas segundo aquilo que objetivamente fizeram" (CROCE, 1927, p. 167).

Croce valorizava o "realismo" metodológico no tratamento da tradição literária, oposto ao que considerava como "moralismo" das intenções. A atitude valorativa realista era capaz de enriquecer a crítica artística, ao mesmo tempo em que o "moralismo" era identificado com um baixo nível de atividade especulativa, incapaz de alcançar a crítica estética. Apenas por meio deste realismo, fundado pelo Renascimento dos intelectuais, seria possível conduzir o estudo dos "grandes" intelectuais, das "grandes" obras, em oposição ao que não se tornara "grande" e "efetivo" no universo literário. Era um realismo capaz de justificar uma separação retrospectiva entre "arte" e "não arte" em determinado período.

Em 1901, Croce publicou o primeiro volume de sua *Filosofia come scienza dello spirito*, intitulado *Estetica come scienza dell'espressione e linguistica generale*. Mais do que uma explicitação de resultados de uma reflexão filosófica, a *Estetica* anunciava um programa de pesquisa pretendido por Croce para construção de um sistema de pensamento (GARIN, 1974, p. 20-21). Dividida em duas partes, na primeira o filósofo buscou construir o desenvolvimento teórico do conceito de arte, partindo da distinção entre duas formas de conhecimento: o conhecimento intuitivo e o conhecimento lógico.

> O conhecimento possui duas formas: é ou conhecimento intuitivo, ou conhecimento lógico; conhecimento através da fantasia, ou conhecimento através

do intelecto; conhecimento do individual, ou conhecimento do universal; das coisas singulares, ou das
suas relações; é, em suma, ou produtor de imagens, ou
produtor de conceitos (CROCE, 1965, p. 3).

A partir dessa distinção, Croce procurava cercar a definição "do
que é arte" e desdobrar suas consequências, especialmente a ideia de
que o conhecimento intuitivo possui independência em relação ao
conhecimento lógico. Aqui, a intuição possui natureza distinta do
conceito, pois nela as ideias se encontram misturadas e fundidas e,
como tal, não podem ser consideradas conceitos. Em algum momento, afirmava, a intuição pode ser um conceito, mas o plano intuitivo
transforma a ideia em um elemento próprio, e "as máximas filosóficas,
colocadas na boca de um personagem de tragédia ou de comédia, possuem papel, não mais de conceito, mas de características desse personagem" (*idem, ibidem*, p. 5).

Da mesma forma, todas as ideias que povoam o senso comum eram
posicionadas, por Croce, no plano intuitivo. A diferença entre filosofia
e arte estava, nesse caso, no resultado, no efeito diverso de cada uma:

Uma obra de arte pode ser plena de conceitos filosóficos, pode possuí-los, ainda, em maior número, e em
maior profundidade, que uma dissertação filosófica, a
qual pode ser, por sua vez, rica de descrições e de intuições. Apesar disso, o resultado da obra de arte é uma
intuição, e o resultado da dissertação filosófica é um
conceito (*idem, ibidem*, p. 5).

Para precisar a definição de intuição, Croce apresentou a ideia de
que a distinção entre realidade e não realidade, ou história e anti-história, é estranha à sua índole, sendo, por isso, inútil propor a uma obra
de arte a questão sobre sua "capacidade de realismo". Em uma obra

de arte, as percepções do real compõem uma unidade indiferenciada de imagens, e a diferenciação espacial e temporal, indicador lógico de realidade em oposição ao não real, pode não ocorrer (*idem*, *ibidem*, p. 6-7).[6] Assim, aquilo que seria possível intuir em uma obra de arte não é espaço ou tempo, como no conhecimento lógico, mas sua característica ou fisionomia individual. Nesse sentido, Croce apresentava a necessidade da formação de uma "ciência" da intuição, completamente autônoma dos conceitos da ciência da lógica e voltada para o estudo da efetividade de determinada característica ou fisionomia.

A investigação e construção de uma ciência da expressão deveriam, aos olhos de Croce, passar pela crítica da "natureza própria da atividade estética, que não dá lugar a particularizações, não é atividade de modo *a* ou de modo *b*, e não pode exprimir um mesmo conteúdo ora em uma forma, ora em outra" (*idem*, *ibidem*, p. 502). Nesse sentido, Croce criticava De Sanctis por ter se contentado com a ideia, "vaga, ainda que verdadeira", da relação dialética entre forma e conteúdo. Croce concordava que a regra mais importante para compreensão da forma artística não seria a que pensa a acomodação da forma a qualquer conteúdo, mas a que visa o núcleo da forma nas vísceras do conteúdo. Essa premissa, porém, não era suficiente (*idem*, *ibidem*, p. 503).

Croce tinha por objetivo o desenvolvimento de uma "ciência da expressão", livre do que considerava ser uma "sujeição intelectualista" e na qual seria possível definir os contornos do conhecimento intuitivo para estabelecer a distinção entre conteúdo e forma na arte. Para o "cientista da expressão", a matéria da arte deveria ser concebida como investida e vencida pela forma, dando lugar a uma "forma concreta". Dessa forma, "é a matéria, o conteúdo que diferencia uma intuição de

---

6   "Em algumas intuições é possível encontrar a espacialidade e não a temporalidade, em outras esta e não aquela; mas também é possível encontrar as duas" (CROCE, 1965, p. 7).

outra" e, nesse sentido, a forma seria constante, seria a própria atividade espiritual, enquanto a matéria seria mutável, e sem a atividade espiritual esta não conseguiria sair de sua estreiteza para tornar-se atividade concreta e real, como intuição determinada (*idem, ibidem*, p. 8-9).

Croce buscava, com isso, uma interpretação específica e corretiva, uma "revisão" do pensamento desanctisiano para conformação do seu próprio sistema filosófico, no qual a forma se convertia em elemento perene, meio e fim, a única coisa que "resta" na arte, enquanto o conteúdo passava a ser concebido como "matéria estreita", elemento não estético que deve ser superado pela atividade espiritual. Com isso, o filósofo napolitano rejeitava a relevância do conflito, presente no pensamento desanctisiano, entre forma e conteúdo, para afirmar o desenvolvimento da relação de autonomia plena e eterna entre ambos, com a sobrevivência, através da história, da forma.

A apropriação de De Sanctis por Croce fazia parte de um projeto político-filosófico ambicioso de definir as características próprias da atividade artística[7] e afirmar a atividade especulativa no tratamento desta, em oposição à cultura positivista (e marxista, na opinião de Croce) da Europa do século XIX. Para o filósofo, a atividade especulativa estava, inevitavelmente, vinculada ao processo de distinção/separação entre "ciência" (lógica) e "espontaneidade" (intuição) desde o Renascimento. A cultura italiana *ottocentesca*, fortemente influenciada pelas ciências positivistas, desenvolvera seus estudos históricos, teóricos e filosóficos majoritariamente através da psicologia e sociologia (cf. MAZZONI, 1949). Croce criticava o fato de que, para essas ciências, a arte era vista geralmente ora como dependente do intelecto, atividade

---

7   Para Croce, a intuição deveria ser concebida como atividade através do conceito de produtividade, em oposição à passividade característica da ideia da arte como sensação, muito recorrente das teorias da arte fundadas na psicologia (CROCE, 1965, p. 10).

lógico-matemática, ora como fruto da "percepção", da apreensão natural do mundo existente (CROCE, 1965, p. 5).

Com o conceito de intuição, o filósofo buscava afirmar o aspecto essencial das "atividades do espírito" em oposição à "atividade científica". Era uma atitude de resistência ao que considerava uma vulgarização da atividade especulativa levada a cabo pelos intelectuais europeus, especialmente no século XVIII, e que via culminar numa desvalorização generalizada do pensar filosófico. Embora admitisse, sem detalhar, a existência de perspectivas filosóficas que buscavam fundir "atividade [filosófica] e mecanismo, especificamente distintos, em um conceito mais alto", conscientemente abandonava sua reflexão sobre as possibilidades de unificação propostas por essas teorias (*idem, ibidem*, p. 9). Seu objetivo era outro: o de afirmar a preponderância do pensar filosófico, e dos filósofos, sobre todas as atividades humanas e hierarquizar as mesmas a partir dessa referência.

A ideia de atividade filosófica era importante e dava contornos específicos para a valorização, por Croce, do plano intuitivo. Para o autor da *Estetica*, o conceito de intuição não poderia ser pensado sem uma identidade com o conceito de expressão: aquilo que não é capaz de ser objetivado em uma expressão não pode ser arte, mas apenas sensação e naturalidade. A intuição existia no pensamento de Croce como um conceito que não pode estar senão "fazendo, formando, exprimindo", inseparável, portanto, da ideia de expressão:

> Sentimentos e impressões passam então, por meio da palavra, da obscura região da psique à clareza do espírito contemplador. É impossível, neste processo cognitivo, distinguir intuição de expressão (*idem, ibidem*, p. 11).

Para o filósofo, a separação, comum no século XIX, entre intuição e expressão fora resultado de uma má compreensão do conceito de intuição pelos intelectuais. Isso porque, para Croce, existiria um nível ordinário no qual o mundo intuído se traduz em poucas expressões, "as quais se tornam, num processo, maiores e mais amplas, apenas com uma crescente concentração espiritual" (*idem, ibidem*, p. 12). A conclusão de Croce, nesse caso, era a de que "cada um de nós é um pouco pintor, escultor, musicista, poeta, prosador" (*idem, ibidem*, p. 14). Porém, a baixa atividade intuitiva da maioria das pessoas seria responsável pela transformação do conhecimento expressivo em meras "impressões", "sensações", "sentimentos", "impulsos", "emoções" (*idem, ibidem*).

Todos são "um pouco artistas", mas a arte não pode ser realizada, não pode efetivar-se, pelas mãos de "qualquer um". Com isso, Croce definia a intuição artística como uma "espécie particular" de intuição/ expressão. Essa distinção, afirmava, não deveria ser considerada como qualitativa, "de intensidade", mas seria quantitativa, ou seja, uma diferença de "extensão" (*idem, ibidem*, p. 16). Era uma distinção, portanto, descritiva, com a qual Croce apontava uma limitação social da arte: esta deveria ser vista como uma atividade efetiva de um grupo social definido, ainda que "potencialmente" generalizável a toda a humanidade.

Os problemas na teorização da arte pela sociologia e psicologia eram, na opinião de Croce, resultantes justamente da incompreensão das "distinções" existentes entre os homens no processo de desenvolvimento da atividade especulativa ao longo da vida. Ao se concentrarem no estudo empírico-comportamental, a psicologia e a sociologia positivistas se mantinham e eram alimentadas pelo nível inferior da atividade cognitiva, o que as levava a concluir apressadamente a existência da separação entre arte e ciência como resultado de uma diferença natural entre os homens, ao invés de refletir sobre o desenvolvimento

POLÍTICA E LITERATURA   103

histórico da distinção e da relação de autonomia entre ambas. Em seu *Breviario di Estetica*, escrito em 1912, Croce complementaria essa ideia:

> as óbvias afirmações que, proposital ou acidentalmente, escutamos diariamente sobre a natureza da arte, são soluções de problemas lógicos, tais como se apresentam a este ou aquele indivíduo que não exerce a profissão de filósofo, mas que, como homem, é ele, em alguma medida, filósofo (CROCE, 2007, p. 16).

Assim como para a arte, todo homem é, "em alguma medida, filósofo", mas nem todos podem exercer a "profissão de filósofo". Ao se concentrarem nos estudos empíricos, ou seja, ao se comprometerem com a investigação "quantitativa" (em grande escala) para buscar possíveis diferenças qualitativas entre os homens, as ciências positivas não haviam cumprido uma tarefa essencial na visão de Croce: desenvolver "qualitativamente" a filosofia de poucos, promover a "ciência do espírito". A ciência do espírito, em toda sua história, fora e deveria ser uma atividade restrita a um grupo social; era necessária enquanto tal dada sua função social diferenciada e seu caráter interno de rejeição ao "mecanismo", ao motor da vida moderna. Contrariamente ao que pensavam os filósofos positivistas, essa atividade não poderia ter como "objeto" as multidões sociais, mas sim a tradição intelectual, restrita, erudita, preferencialmente não nacional ou que pudesse ser "desnacionalizada". A democratização e nacionalização do objeto do pensar haviam atrapalhado enormemente, na opinião de Croce, o desenvolvimento da filosofia e da crítica artística na Europa. Da mesma forma, para se realizar plenamente, a ciência da expressão deveria ser vista como atividade restrita a um sujeito "distinto": o filósofo profissional.

De Sanctis sob o revisionismo crociano

Na segunda parte de sua *Estetica*, denominada "histórica", com o título de "Storia dell' Estetica", Croce dedicou um capítulo inteiro a Francesco De Sanctis, cuja obra identificava com a afirmação da "autonomia da arte na Itália" (CROCE, 1965, p. 400). Croce acentuava em De Sanctis o desenvolvimento da ideia de autonomia da arte, da obra individual, concreta, única em si mesma, que não é um conceito, ideia ou cópia da realidade (WELLEK, 1967, p. 94). Através de seus ensaios críticos, monografias sobre escritores italianos e a grande obra *Storia della letteratura italiana*, De Sanctis conseguira, na opinião de Croce, "com sua natural necessidade de especulação", criticar e superar as principais doutrinas estéticas da Itália *risorgimentale*, especialmente os gramáticos e os retóricos (CROCE, 1965, p. 400).

Os estudos filosóficos, em processo de revitalização na Itália meridional no século XIX,[8] haviam permitido que De Sanctis discutisse, ao longo de sua formação intelectual, as teorias sobre o belo, que recuperasse o pensamento de Giambattista Vico e tomasse contato com a recém-divulgada tradução francesa da *Estética* de Hegel.[9] Deste, afirmava Croce, De Sanctis havia "sugado toda a parte vital", mas também se mantido "desconfiado" e, por fim, se rebelado "abertamente contra tudo o que em Hegel era artificioso, formalista e pedante" (CROCE, 1965,

---

8   É importante salientar que não existiu consenso entre os intelectuais do século XX em relação ao modelo dos estudos filosóficos revitalizados pelos italianos no século XIX. Ao contrário de Croce, que julgava esse período como de entrada da filosofia hegeliana na península, especialmente na região sul, Eugenio Garin afirmou que o hegelianismo de Croce era, na verdade, filosofia neokantiana: "existiu de fato um hegelianismo italiano?", questionou em seguida (GARIN, 1974, p. XI).

9   Pela Editora Bernard, primeiro em 1843, depois em 1848 e 1852. Sabe-se também que De Sanctis traduziu, no período em que esteve preso, do alemão para o italiano, a *Lógica* de Hegel (CROCE, 1965, p. 401-402).

p. 403). De Sanctis distinguia "fantasia" de "imaginação", e entendia a fantasia não como faculdade mística de percepção transcendental, mas como "capacidade de síntese e criação do poeta, contraposta à imaginação em geral, que reunia elementos particulares e materiais e possuía sempre algo de mecânico" (*idem, ibidem*). E Croce continuava:

> Ao mesmo tempo em que [De Sanctis] anunciava apresentar a teoria de Vico e de Hegel como a exaltação do conceito na arte, dizia que o conceito não existe na arte, nem na natureza, nem na história; o poeta opera de maneira inconsciente, e não vê o conceito, mas a forma, na qual está envolto e quase perdido. Se o filósofo, através da abstração, pode cavar o conceito e contemplar a sua pureza, esse conceito é o contrário mesmo daquilo que fazem a arte, a natureza e a história. (…) Assim, a polêmica de De Sanctis se voltava primeiro contra os subentendidos daquilo que chamava como verdadeiro pensamento hegeliano, e que era na verdade frequentemente a correção que ele mesmo, de maneira mais ou menos consciente, vinha fazendo (CROCE, 1965, p. 404).

Dessa forma, Croce destacava a relação de independência[10] que De Sanctis conseguira manter com a tradição filosófica alemã que influenciava o pensamento italiano *ottocentesco*, especialmente em Nápoles. Para Croce, De Sanctis operara uma "rebelião definitiva contra a Estética metafísica"[11] e fundara uma teoria própria, "resultado

---

10 Essa ideia da "relação de independência" é fundamental para apreender a atitude que Croce pretendeu assumir em relação ao pensamento marxista, e que Gramsci manteve com o pensamento do próprio Croce.

11 De Sanctis estabeleu ao longo de sua trajetória intelectual uma relação de assimilação/confrontação com o pensamento de Hegel. O método dialético hegeliano foi fundamental para que De Sanctis formulasse algumas de suas

da crítica da mais alta manifestação percebida por ele da Estética

principais categorias e conceitos, porém as diferenças também são importantes. Em seus cursos sobre estética, o filósofo alemão se colocava a seguinte questão: como é possível a perduração da bela arte, para além de suas condições de produção? Para Hegel, isso era possível dada a diferença que a arte possui com as representações historiográficas: enquanto estas possuem como elemento a aparência espiritual da existência imediata, permanecendo ligadas à contingência da realidade cotidiana, a arte "coloca diante de nós as forças eternas que regem a história, desligadas do presente sensível imediato e sua inconsistente aparência" (HEGEL, 2001, p. 34). Tudo que é *belo*, portanto, é belo enquanto partícipe do espírito e deve conceber-se como reflexo do espírito. O *belo artístico*, nesse sentido, não seria somente cor, forma, mas substância, "rastro de pensamento". O encontro entre a filosofia da arte (sujeito) e o belo artístico (objeto) só seria possível pelo pensamento, compreendida a arte como passagem precária, já que não seria um meio precisamente adequado à dignidade do pensamento. Para Hegel, seria preciso perante o objeto artístico o movimento de demonstração de sua necessidade *pelo e no* sujeito pensante. Essa foi a maneira pela qual o filósofo alemão propôs o direito à especulação conceitual, e sua "Introdução" aos *Cursos de Estética* deveria cumprir o papel de acostumar a pensar conceitualmente. As artes particulares serviriam para dar realidade sensível, materializar as formas da ideia de beleza, e nesse movimento se desenvolveriam no espírito, superariam sua realização sensível e permitiriam pensar a arte em uma totalidade histórica. Nesse sentido, diferentemente de Croce, que afirmava a autonomia da forma artística, a necessidade da arte para Hegel era afirmada como um termo da contradição com a essência, tendo sua superação realizada no conceito. No jogo entre aparência e essência na arte, passa a importar o *em si-e-para si* (forma/conteúdo), ou o que é verdadeiramente efetivo, substancial. A arte na filosofia hegeliana ressaltava a dominação de poderes universais (junção espírito e natureza), sendo que a pulsação do algo novo seria o que determina o interesse do espírito pelo estado geral das coisas, pelo sensível. Novamente, toda obra de arte que dura seria visitada pelas filosofias, o que só é possível pela presença permanente do pensável. O espírito hegeliano, portanto, recolhe a arte e a submete. Esta só assim alcança sua legitimidade na ciência da lógica: o necessário, nesse caso, não está nas coisas, mas no pensá-las. Em De Sanctis, e também para Gramsci, a arte foi "coordenada e subordinada" de maneira distinta, não ao pensamento e ao conceito (forma como resultado da elevação espiritual), e tampouco à europeia" (CROCE, 1965, p. 406-408). De Sanctis se rebelara, ao mesmo tempo, contra a teoria estética dos "seguidores do conceito", bem como contra os românticos italianos moralistas e místicos (foi crítico tanto dos liberais como dos democráticos, de Alessandro Manzoni, de Giuseppe Mazzini etc.). Em artigo de 1908, Croce escreveu:

> quando a estética idealista atinge, com De Sanctis, a forma mais madura, foi possível oferecer, partindo dessa, uma interpretação de toda a história literária italiana até hoje não superada. (…) Tendo outras vezes criticado intrinsecamente as estéticas positivistas, sensualistas, intelectualistas, moralistas e místicas (…) eu quero dizer que, se por um lado essas estéticas não conseguem obter consentimento das mentes filosóficas, por outro não podem tampouco impor-se aos não filósofos com a sua presença efetiva, por que estão ausentes nesse campo, onde deveriam demonstrar seu valor. E esse é o sentido externo da sua nulidade filosófica. Por que a possibilidade ou não da construção histórica será sempre a grande pedra de comparação das filosofias (CROCE, 1993, p. 65-66).

Para Croce, a *Storia* desanctisiana funcionava como um modelo que, ao mesmo tempo, era capaz de impor novas questões e conceitos ao ambiente intelectual literário e convertia suas reflexões críticas em uma construção histórica capaz de se impor com efetividade para explicar narrativamente a tradição literária italiana. Em 1911,[12] pouco antes da publicação de uma nova edição da *Storia della letteratura ita-*

---

forma perene de Croce, mas à "efetividade das coisas", à história vista como conflito (forma como resultado do conteúdo-situação).

12   Esse foi mais um capítulo dedicado a De Sanctis, agora compondo o primeiro volume do livro *La letteratura della nuova Italia* (1913), uma coletânea de artigos de Croce publicados originalmente na revista *La Critica* entre 1903 e 1911.

108 DANIELA MUSSI

liana de De Sanctis, Croce desenvolveu melhor essa ideia, ao afirmar que essa obra era uma "história moral da Itália", já que uma motivação moral acompanhara todos os escritos do crítico literário, inclusive e especialmente os artísticos (CROCE, 1973, p. 343). Ao contrário de uma série de ensaios individuais sobre os escritores, esta obra "era uma história do povo italiano, refletida nos seus poetas e escritores" (CROCE, 1994, p. 329-330). Um ano mais tarde, em 1912, Croce escreveu em seu *Breviario di Estetica* que De Sanctis partira de uma nova ciência anunciada na Itália por Vico para inaugurar uma crítica que "contra todo utilitarismo, *moralismo* e conceitualismo, fez valer a arte como pura forma (para usar o termo operado por ele), ou seja, como pura intuição" (CROCE, 2007, p. 36, grifo meu).

É interessante observar que as ideias de uma "história moral" e de uma "motivação moral" eram colocadas por Croce em franca oposição ao "moralismo" que De Sanctis teria combatido em sua crítica estética.[13] Croce valorizava a "história moral" da literatura que De Sanctis empreendera pois esta, embora "motivada" pelos interesses práticos do homem, era elevada às especificidades teóricas do mundo

---

13   Para Valentino Gerratana, nesse período Croce possuía uma atitude frente ao pensamento desanctisiano que seria posteriormente alterada, em especial a partir de 1917. Aqui, Croce reconheceria a influência da política (através da moral) sobre os julgamentos estéticos de De Sanctis, e de certa forma a valorizava. Para Gerratana, a comprovação da existência da aproximação entre Croce e o pensamento desanctisiano por meio da relação entre moral e crítica explicaria ainda "aparentes incongruências de Antonio Gramsci" nos *Cadernos do Cárcere,* nas passagens em que realizou aproximações entre o pensamento de Croce com o marxismo no *Caderno 10,* e também das ideias de De Sanctis com o marxismo no *Caderno 23.* Para Gerratana, Gramsci teria aproveitado as ideias desanctisianas de Croce, elaboradas no período em que o filósofo napolitano valorizava a crítica ao intelectualismo e ao formalismo dos intelectuais italianos (GERRATANA, 1952, p. 500). Nos *Cadernos do Cárcere,* é importante notar, porém, que a relação de Gramsci com as ideias de Croce não foi restrita às leituras desanctianas deste.

estético. O moralismo, por sua vez, era identificado com uma atitude prática que, derivada de um sistema positivista de pensamento, se mantinha inferior e intocada pelas qualidades do pensamento especulativo sobre arte. Para o moralista, a arte se mantinha como "percepção" (uma forma degradada da intuição) e a filosofia como "lógica", duas formas de conhecimento intocáveis entre si e, por isso, paradoxalmente, indiferenciadas.

A história moral desanctisiana não caía em um "moralismo" porque a motivação ética e universal não prejudicava o conceito estético e particular. Croce estabelecia, através de seu julgamento sobre De Sanctis, uma distinção entre moralismo na arte (fruto de um universalismo estético derivado de uma filosofia inferior, exterior e formal) e história moral (em que uma ciência particular da expressão, que surgia, convivia ainda com aspectos do sistema filosófico anterior). Através da ciência da expressão, cujas bases De Sanctis colocava e Croce pretendia desenvolver em um sistema filosófico novo, passaria a ser "impossível ver a poesia como a viam os literatos, ou seja, como um exercício elegante, ou como a viam os naturalistas, ou seja, como um documento de um fato prático" (CROCE, 1973, p. 338).

A "motivação moral" da *Storia*, além disso, assumia um caráter muito específico, que Croce não deixou de notar: "a obra crítica de De Sanctis, tão universal como era em seu espírito, tão humana, tão livre de preconceitos nacionais, se encarnou, por outro lado, em uma matéria inteiramente nacional" (*idem, ibidem*, p. 338). Croce não deixava de atentar para o fato de que De Sanctis não procurara escrever uma história universal da literatura, ou uma monografia sobre Homero ou Shakespeare ou qualquer outro poeta objeto de atenção universal. Sua investigação esteve focada na história da literatura italiana, a qual há muito tempo deixara de despertar interesse entre os europeus (*idem, ibidem*, p. 339).

110   DANIELA MUSSI

Isso, concluía Croce, estava ligado ao fato de que De Sanctis, embora fosse equiparado em seu pensamento ao desenvolvimento filosófico europeu, como historiador era ainda um "genuíno representante do espírito italiano do *Risorgimento*, engajado (...) em realizar um grande exame de consciência e em entender a história da civilização italiana" (CROCE, 1973, p. 339). A obra de De Sanctis encarnava na particularidade estética da literatura italiana o princípio hegeliano universal da Forma, "do resultado da criação estética a partir do caos". O caos, para Croce, significava o reconhecimento da existência de um mundo anterior à arte que deveria ser investigado por uma "ciência" própria que não era nem a crítica e nem a estética de então (CROCE, 1965, p. 408). Croce promovia a ideia de que De Sanctis estabelecia os marcos desta nova ciência da forma, que não poderia ser entendida nem em sentido pedante (palavra, período, verso etc.), nem em sentido metafísico "a forma não existe a priori, não é algo que existe por si e diversa do conteúdo como ornamento, veste ou aparência deste"; a forma "é gerada pelo conteúdo ativo na mente do artista: tal conteúdo, tal forma" (CROCE, 1965, p. 409).

O revisionismo de Croce se fundamentava na ideia de que De Sanctis nunca desenvolvera com rigor científico sua própria teoria, e nele "as ideias estéticas permaneceram como um esboço de um sistema não muito bem conexo e deduzido" (*idem, ibidem*). Isso, na opinião de Croce, era justificável pela resistência do crítico em se aborrecer pelo "pálido reino das ideias" dos filósofos (*idem, ibidem*). Assim, para Croce, De Sanctis seria mais bem classificado como um "crítico-artista" que não conseguira fundar na Itália uma escola de ciência estética.[14]

---

14   "A melhor crítica científica da teoria do ornamento é talvez aquela que se encontra dispersa nos escritos de De Sanctis o qual, ensinando Retórica, expunha, como ele mesmo disse, a Anti-retórica. Mas nem mesmo essa crítica foi conduzida com critério filosófico e sistemático" (CROCE, 1965, p. 489).

Seu pensamento fora mal interpretado pelos italianos de seu tempo, e reunido junto às ideias retóricas de uma arte considerada ora como forma, ora como conteúdo (*idem, ibidem,* p. 469).

Na medida em que amadureceu e corrigiu seu sistema filosófico, Croce precisou endurecer suas críticas ao pensamento desanctisiano. Esse processo não foi apenas "filosófico", mas também político, numa Itália assolada pela Primeira Guerra, cujas classes dominantes eram assombradas pelas possibilidades de uma Revolução de Outubro italiana, encarnada nas greves e conselhos operários de Turim. Em 1917, mesmo ano em que escreveu um importante prefácio para a nova edição de *Materialismo storico,* no qual renegou sua experiência de contato com o marxismo,[15] Croce publicou um ensaio intitulado "La riforma della storia della letteratura e artistica", em que passou a considerar a *Storia della letteratura italiana* não mais como "história moral" da Itália, mas como um "esboço de história política", dentro do qual seria preciso valorizar apenas alguns elementos, aqueles mais propriamente estéticos (GERRATANA, 1952, p. 501; cf. Q. 10, 1, p. 1210). Aqui, o aspecto "moralista" era menos diferenciado da "história moral" e os "limites" de De Sanctis como um "homem político" passaram a ser mais destacados que anteriormente. Croce reconhecia o "mérito" e o conteúdo durável das ideias desanctisianas, bem como o momento em que estas surgiram como "momento em que foi criada a história literária e artística, da qual

---

15   Em 2 de maio de 1932, em carta do cárcere a Tania, Gramsci destacou o fato de que Benedetto Croce, ao longo de sua atividade histórico-política, acentuara apenas o aspecto "hegemônico" da política, ou seja, aquele vinculado ao consenso, à direção cultural, de maneira separada do momento da força. Para o marxista sardo, Croce pretendia com isso liquidar o marxismo em uma "teoria da história"; o filósofo napolitano havia, de certa forma, compreendido que o essencial dos desenvolvimentos mais avançados da filosofia da práxis consistiam justamente no conceito histórico-político de hegemonia (LC, p. 570).

112 DANIELA MUSSI

nós, vindos depois, podemos ser contribuintes e reformadores, mas não criadores ou fundadores" (CROCE, 1952, p. 306).

Nesse contexto, a crítica desanctisiana "era convertida, de erudita, em histórica, ou seja, em história da poesia e da arte, afirmativa como cada história, e não mais negativa, um arbítrio individual; esta foi sua grande conquista e permanece para nós" (*idem, ibidem*, p. 307).

O pensamento desanctisiano passava a ser isolado no passado "histórico", visto como um momento de transição concluído, e o principal mérito de sua *Storia* fora o de ser capaz de conviver entre o "juízo estético livre de qualquer domínio estrangeiro, rigidamente submetido ao critério da arte", e a "história moral da Itália, religiosa e de ardor político" (CROCE, 1973, p. 338-343). Sobre essa tensa convivência, Croce diria anos mais tarde:

> O tratamento "civil" da "história da poesia" é o seu aspecto discutível [da *Storia*] e o acento colocado na personalidade dos autores a sua grande qualidade: acento, nascido do sentido artístico, que impedia De Sanctis de afundar e perder na trama da história civil a fisionomia individual das obras poéticas (CROCE, 1994, p. 330).

Agora, Croce enfatizava o defeito de De Sanctis, bem como "de toda a filosofia e historiografia da época", com seu "finalismo" que condicionava "uma confusão entre a arte e as formas intelectivas e práticas do espírito", resquício das influências da "historiografia sociológica" surgida em fins do século XVIII e muito influente na Europa do século XIX (CROCE, 1952, p. 307). Para essa revisão crociana, o "esquema" desanctisiano se vinculava ainda a uma tradição intelectual que precisava ser aniquilada, na qual as expressões artísticas e históricas eram ainda "operadas como documentos, não mais sujeitos, mas simplesmente instrumento da construção histórica" (*idem, ibidem*, p. 308):

> no tratamento dado por esses historiadores [do século XIX] o poeta e o artista são apresentados como expressão de qualquer coisa de limitado e transitório, de um problema filosófico, de uma necessidade moral, de um esforço político deste ou daquele tempo, deste ou daquele povo, e perdem, assim, toda sua individualidade e universalidade, ou, para dizer melhor, o caráter divino de criadores (CROCE, 1952, p. 310).

Croce radicalizava sua revisão sobre De Sanctis, afirmando que a fusão entre história artística e extra-artística era impossível, que resultava invariavelmente na contaminação da primeira pela segunda: "o mal maior está quando por desejo natural e ânsia de coerência e fusão lógica, se passa a contaminar a história literária" (*idem, ibidem*, p. 317). Por isso, propunha

> pesquisar uma nova forma de historiografia artístico--literária, que responda à exigência à qual a velha forma não responde; e se esta forma já existe em adolescência ou ao menos em germe, descobrir onde está e um modo de promovê-la, ou de não atrapalhar seu crescimento e fortalecimento (*idem, ibidem*, p. 311).

O erro de contaminação, afirmava Croce, era comum entre os historiadores, especialmente os românticos, do século XIX, dada sua debilidade teórica em termos estéticos. Antes um "incompreendido", De Sanctis passava a ser destacado por aquilo que possuía em comum com o conjunto dos intelectuais do *Risorgimento* que Croce considerava débeis teoricamente. Apesar de ser dotado de um "feliz senso de realidade", De Sanctis incorrera em juízos errados, era ainda "dependente de um esquema de desenvolvimento moral e político". Para Croce, a *Storia* de Sanctis não era uma "coletânea de ensaios sobre grandes autores individuais", opinião corrente sobre a obra quando esta foi lançada:

> a obra é, ao contrário, um genial e potente resumo de história política, intelectual e moral do povo italiano, refletida na sua poesia e literatura; mas é fato que as características dos escritores estão também ali muito individualizadas e vivas, e o juízo estético desses são muito requintados, a ponto de submeter o esquema artístico no qual De Sanctis os dispôs (*idem, ibidem,* p. 312).

Para Croce, a única forma de sobrevivência das ideias desanctisianas, especialmente seus juízos estéticos, era enquadrar sua história da literatura em uma nova historiografia, alternativa ao que considerava como contaminação positivista que imperara no século XIX. Essa historiografia do século XX se basearia em dois pontos: "tirar, corajosamente, as consequências historiográficas das premissas estéticas; e consagrar o fato consumado, propugnando que a verdadeira forma lógica da historiografia artístico-literária é a característica do artista singular e de sua obra" (*idem, ibidem,* p. 315).

Em artigo escrito em 1924, "Rileggendo il discorso del De Sanctis sulla 'Scienza e la Vita'", essa "consagração do fato consumado" se transmutava no reconhecimento da unidade permanente entre pensamento e moral:

> Não é possível admitir um conceito de pensamento que seja, por si mesmo, desacompanhado das outras formas da vida; porque a unidade mesma, que se coloca como pensamento, se coloca como todas as outras

POLÍTICA E LITERATURA 115

formas ao mesmo tempo, o mesmo sangue circula em todo o organismo, e, onde existe pensamento, existe moral, arte, boa, sã, enérgica como aquele pensamento mesmo (CROCE, 1993, p. 261).

Na lógica do fato consumado proposta por Croce, a moral aparecia como vontade irresistível de, ao pensar, fazê-lo verdadeiramente, buscar a verdade, com conclusões que teriam consequências sobre as atitudes da vida (CROCE, 1993, p. 262). Porém, dentro desse sistema, embora unido à moral como "vontade irresistível", o pensamento não necessariamente implicaria em uma "ação moral". Dessa forma, Croce precisava o caráter da unidade entre pensamento e moral afirmando o primado do pensamento, da atividade espiritual, sobre a moral, e esta como manifestação da eficiência daquele. Para Croce, ainda, o moralismo deveria ser entendido como resultado de uma ciência não "propriamente verdadeira", ou seja, quando a moral não se conecta com uma totalidade explicativa e por isso é ineficaz.

Por outro lado, ainda que a ciência fundada sob um "pensamento" surja sempre vinculada a uma "necessidade moral", não submeteria aquele às suas demandas práticas (*idem, ibidem,* p. 262). Com isso, Croce concluía que em tempo de decadência moral, a ciência fundada em um "pensamento eficaz" seria capaz de não decair e de assumir uma função de controle para uma retomada futura do progresso intelectual e ético. A análise e crítica intelectual do fato consumado resumia, nesse caso, a atividade filosófica.

Croce possuía uma concepção da ciência como uma prática capaz de assumir uma "forma vigorosa", expressiva, bela, podendo fundir-se à arte como "ciência da expressão". Para essa concepção, assumia Maquiavel como a melhor expressão da fusão entre prática científica e necessidade do pensamento: "um grande pensador, um grande escritor, uma consciência moral" (*idem, ibidem,* p. 263). Um grande pensador, com uma consciência moral adequada a perpetuar a eficiência desse pensamento em sua obra, mesmo em tempos adversos: um realista, portanto. Para Croce, diferentemente da interpretação desanctisiana, em Maquiavel o pensamento era indivisível em sua moralidade e beleza e, por isso, não poderia atuar nos sonhos e desejos que possuem sua natureza em condições não dadas, irreais. Para Croce, Maquiavel não era um homem com um programa político:

> Maquiavel poderia "criar", mas não criar uma Itália fora das condições da política europeia e, sobretudo, não poderia criar um povo italiano possuidor do mesmo espírito heróico que Maquiavel (*idem*, *ibidem*, p. 263).

A operação realizada por Croce ao posicionar Maquiavel como um pensador inserido dentro de limites de um realismo do fato consumado implicava na separação entre ciência e utopia e entre indivíduo e história como contingência (*idem*, *ibidem*, p. 263-264) Na ciência crociana, atividade prática individual e determinada, a moral poderia ser compreendida, já que sempre enquadrada no universo do pensamento. O elemento utópico e contingencial, ao contrário, significava o desconhecido, aquilo que não faz parte das coisas "como são". Com isso, Croce apresentava a necessidade do limite ético-político no estudo de uma tradição literária, o qual buscava conciliar com a *Storia* de De Sanctis, corrigindo radicalmente o "conteudismo", "marca da prepotência exercida sobre o crítico pela sua atividade de educador civil", das passagens em que a literatura aparecia como mero "reflexo da vida civil, moral, religiosa e intelectual" (CROCE, 1994, p. 143-144).

Para Croce, o principal mérito da crítica literária desanctisiana fora o de fornecer, antes mesmo de uma teoria e historiografia conscientes, os contornos ético-políticos de uma tradição literária italiana fundada no Renascimento, tempo da inteligência e da cultura que, com suas virtudes mundanas e modernas, contrastava e deveria contrastar "com uma matéria baixa, sem misturar a ela" (*idem, ibidem)*. De Sanctis, ainda nesse sentido, teria compreendido a necessidade do desenvolvimento de uma classe culta moderna que herdara o espírito cavalheiresco da corte e que não convivia, portanto, com o povo largado em sua ignorância e superstições; uma nova classe que precisava afirmar a unidade do pensamento e da moral contra a unidade da cultura na península (GUGLIELMI, 1976, p. 33). Convertido em um intelectual elitista, o De Sanctis crociano concebia a ciência como separada da "coisa" e fazia dessa separação o fundamento de uma superioridade estética. Com isso, Croce pretendia fazer renascer uma consciência dessa ciência, puramente intelectual-contemplativa. Pretendia fazer renascer uma consciência e prática dominantes que o marxismo e classes trabalhadoras da Europa estavam enterrando.

4. "Retorno" gramsciano à literatura *nacional-popular*

Ciente das implicações do desenvolvimento do sistema filosófico crociano para a pesquisa histórica sobre a vida moderna italiana e europeia, Gramsci se dedicou não apenas à crítica de seus conceitos e noções mais abstratas, como também a construir uma interpretação histórica alternativa. Para esta, a vida literária italiana, especialmente do movimento que culminaria no *Risorgimento* do século XIX, não poderia ser vista sem considerar o processo de formação dos Estados nacionais, tendo como referência especial os acontecimentos que desembocam na Revolução de 1789 e a hegemonia que a vida cultural francesa, que se desenvolveu a partir de então, passou a exercer sobre o continente.

"A Reforma [protestante] está para o Renascimento como a Revolução Francesa está para o *Risorgimento*" (Q. 3, §40, p. 317). Por meio desta passagem aparece, pela primeira vez nos *Cadernos do Cárcere*, a rubrica "Reforma e Renascimento", na qual Gramsci planejou coletar notas esparsas para escrever um ensaio.[1] Seu argumento

---

1   O primeiro contato de Gramsci com as ideias de De Sanctis se deu quando era ainda estudante de letras na Universidade de Turim, por meio do professor Umberto Cosmo e do curso de "literatura italiana" (LC, 1973, p. 397). Gramsci recordaria na prisão a polêmica com um colega, Pietro Gerosa, durante as aulas de literatura italiana, a respeito da crítica feita por De Sanctis

DANIELA MUSSI

principal passava pelo estudo da importância de pensar a força (ou debilidade) de um povo pelo fato deste ter sido tocado por uma reforma religiosa, ou não. Posteriormente, no mesmo *Caderno 3*, Gramsci afirmou não ser exata a oposição, feita por Benedetto Croce e seus seguidores, entre a Igreja e as iniciativas intelectuais e estéticas na compreensão do Renascimento. Esta oposição levaria "a um modo errado de pensar e agir", cujo resultado seria a reprodução acrítica de uma espécie de "novo Renascimento" intelectual na Itália (Q. 3, §140, p. 399):

> Para que o "Pensamento" seja uma força (e apenas como tal poderá constituir uma tradição) deve criar uma organização, que não pode ser o Estado, por que o Estado renunciou, de um modo ou outro, esta função ética ainda que a proclame em voz alta; esta organização deve, portanto, nascer da sociedade civil (*idem, ibidem*).

Para Gramsci, a primeira coisa a ser retida para a análise do contexto de Maquiavel deveria ser o fato de que a atividade intelectual e o poder eclesiástico se mantiveram em unidade no Estado ao longo de todo o período, ainda que em condições de instabilidade. Justamente

---

ao intelectual católico do século XIX Cesare Cantù. A posição do professor Cosmo, na época, era de defender De Sanctis dos ataques de "sectarismo religioso e político", de ser "hegeliano e monárquico-unitário", e afirmá-lo como "um cientista imparcial e objetivo" (LC, 1973, p. 399). Em carta a Tânia da prisão, escrita em 1931, Gramsci notou que, desde 1917, este professor insistia para que escrevesse um estudo sobre Maquiavel e o maquiavelismo, provavelmente em virtude do impacto que as ideias de De Sanctis sobre o tema tiveram no curso de literatura italiana mencionado. Este estudo Gramsci levou à cabo na prisão e teve como resultado o conhecido *Caderno 13*, além de dezenas de parágrafos e notas bibliográficas sobre o tema, e tinha íntima conexão a outro ensaio planejado pelo marxista, sobre o tema do Renascimento e Reforma.

POLÍTICA E LITERATURA   123

por isso, afirmou fazendo referência a uma ideia do historiador italianófilo Ernst Walser, que os intelectuais italianos do período do Renascimento "desenvolviam separadamente os dois fatores da capacidade humana de compreensão, o racional e o místico, de maneira que o racionalismo conduzido a ceticismo absoluto (...) retomava, por um vínculo invisível, o misticismo mais primitivo, o fatalismo mais cego, o fetichismo e a superstição crassa" (Q. 17, §8, p. 1913).

Na prisão, Gramsci tomou contato com uma resenha de Armínio Janner, publicada na revista *Nuova Antologia* (ago. 1933), do livro *Gesammelte Studien zur Geitesgeschichte der Reinaissance*, publicado em 1932 pelo historiador alemão Ernst Walser. Nesta resenha, intitulada "Problemi del Rinascimento", Janner expunha o argumento de que o sentido geral com que a ideia de Renascimento fora difundida na segunda metade do século XIX foi determinado por duas obras principais: *Die Kultur der Renaissance in Italien* (título que Gramsci traduziu por *A civilização do Renascimento*), publicada em 1860 por Jacob Burckhardt, e a *Storia della Letteratura Italiana*, publicada em 1871 por Francesco De Sanctis. Gramsci destacou o contraste observado por Janner entre o sentido heroico, "de vida bela e livre expansão da personalidade sem restrições morais" com que o Renascimento do historiador suíço foi lido na Europa, por um lado, e o caráter anticlerical, como "oposição ao mundo medieval representado pelo papado", com que este foi lido dentro da Itália, revelando a força da problemática *risorgimentale* na apreensão da história do Renascimento pelos intelectuais da península (Q. 17, §3, p. 1908).[2]

---

2   Publicado em 1860, o livro de Burckhardt teve ressonância europeia, "suscitou toda uma literatura, especialmente nos países nórdicos, sobre os artistas e *condotieri* do Renascimento, literatura na qual se proclama o direito à vida bela e heróica, à livre expansão da personalidade sem preocupações com vínculos morais. (...) O livro de Burckhardt (traduzido por Valbusa em 1877) teve na Itália uma influência diferente: a tradução italiana destacava

Gramsci sabia que no período em que deu aulas em Zurique, entre 1856 e 1860, De Sanctis tomara contato com Burckhardt, de quem foi colega e de quem divergiu a respeito da interpretação sobre o Renascimento. Burckhardt via o Renascimento "como um ponto de partida de uma vida nova da civilização europeia progressiva, berço do homem moderno; De Sanctis[3] o via do ponto de vista da história italiana, e para a Itália o Renascimento fora um ponto de partida para um regresso" (Q. 17, §3, p. 1909; cf. DE SANCTIS, 1973, p. 526). Na *Storia della Letteratura Italiana*, como visto, o Renascimento aparecia

---

as tendências anticlericais que Burckhardt via no Renascimento e que coincidiam com as tendências da política e da cultura italiana do *Risorgimento*. Também outro elemento iluminado por Burckhardt no Renascimento, aquele do individualismo e da formação da mentalidade moderna, foi visto na Itália como oposição ao mundo medieval representado pelo papado" (Q. 17, §3, p. 1908).

3   O caráter dessa obra desanctisiana, fortemente marcado pela problemática da unidade italiana, talvez explique, ainda, a baixa popularidade da *Storia* desanctisiana fora da Itália, e sua vivaz e longa vida editorial dentro da península. A história das reedições seguintes dessa obra de De Sanctis na Itália é relativamente longa. A partir de 1912, Luigi Russo levou a cabo, junto a Benedetto Croce, a publicação pela editora Laterza da obra completa de De Sanctis, sendo a *Storia della letteratura italiana* reeditada ainda em 1925 e em 1939 com revisões de Alfredo Parente, versão essa reeditada ainda em 1949 e 1954. Data também de 1912 a publicação da primeira edição comentada da *Storia* por Paolo Arcari, pela editora Treves. Em 1930, uma edição crítica de toda a obra desanctisiana foi planejada por Nino Cortese pela editora Morano, mas dos 18 volumes previstos apenas 14 foram editados, incluindo a *Storia*. Essa obra também ganhou uma "edição popular" em dois volumes, organizada por L. G. Tenconi pela editora Barion, em 1933. Em 1940, Gerolamo Lazzeri publicou um primeiro volume comentado da *Storia*, pela editora Hoepli, e a edição final foi deixada incompleta. Depois, em 1958, a *Storia* foi publicada sob a direção de Carlo Muscetta e editada por Niccolò Gallo. A edição usada e citada no presente texto é posterior ainda, de 1968, levada a cabo pela editora Utet, dirigida por Mario Fubini e organizada por Gianfranco Contini (DE SANCTIS, 1973, p. 50-52).

como "último raio de uma vida gloriosa que refletia a si mesma na arte, produzia uma forma límpida e bela, marcada de tristeza e ironia, mas vazia de conteúdo" (*idem, ibidem*).

Em seu "retorno" ao pensamento de De Sanctis, Gramsci considerava importante aprofundar a pesquisa não sobre estas diferenças, mas também sobre um ponto que era apresentado pelos historiadores como comum com Burckhardt, e que seria importante para conduzir a crítica também ao pensamento de Croce: o destaque do Renascimento como um "cânone" de compreensão histórica da "formação de uma *nova mentalidade* e da separação desta de todos os vínculos medievais", em especial com relação à Igreja (Q. 17, § 3, p. 1909, grifos nossos).[4] Para explorar a veracidade dessa interpretação, Gramsci propôs investigar o Renascimento como "algo mais do que o momento literário e artístico", para pensá-lo criticamente como um contexto histórico-político nacional e internacional. Havia, de fato, uma "nova concepção de mundo que paulatinamente se formava entre os séculos XV e XVI" e que exaltava o homem como "criador de sua própria vida e de sua própria história", mas sua análise crítica – da capacidade de converter-se em "nova mentalidade" – deveria considerar também o papel político dos intelectuais renascentistas.

Nos livros de De Sanctis, mas não de Burckhardt, Gramsci via realizada esta investigação crítica e, nela, a máxima expressão da

---

4   Esta observação de pesquisa Gramsci extrai da resenha de Janner mencionada. É interessante notar que Federico Chabod, em seu importante *Scriti sul Rinascimento*, de 1967, retoma esta hipótese de uma corrente de estudos que tendia à canonização do Renascimento dentro da história da arte comum à segunda metade do século XIX. Burckhardt, "para tranquilizar suas exigências morais pessoais [em relação ao Renascimento], tendia a virar-se em direção à Reforma; em um dualismo de mesmo tipo, somado ao amargor pela decadência política da Itália do século XVI até sua libertação, se inspirara para sua vigorosa figuração [do Renascimento] Francesco De Sanctis" (CHABOD, 1990, p. 12).

126 DANIELA MUSSI

"nova mentalidade" do Renascimento era Nicolau Maquiavel, em oposição aos intelectuais renascentistas. Para o marxista, a reflexão desanctisiana sobre o Renascimento e Maquiavel era afinada com as necessidades do público italiano, justamente por isso acentuava em sua interpretação as "cores obscuras da corrupção política e moral; apesar de todos os méritos que se pudesse reconhecer ao Renascimento, esse desfez a Itália, e a tornou serva do estrangeiro" (Q. 17, § 3, p. 1909). Enquanto via em Burckhardt, em boa parte da historiografia europeia do século xix e em Croce a crença de que o humanismo cosmopolita renascentista havia sido dirigido contra o papado, Gramsci destacou na interpretação desanctisiana "uma mentalidade" italiana, *risorgimentale*, mais disposta a ver que a Igreja favorecera esta separação da cultura em relação ao povo, ou seja, organizara hegemonicamente as condições nas quais o Renascimento se desenvolveu. Justamente por isso, o Maquiavel desanctisiano se convertia, positivamente, em representante "do final do humanismo e do nascimento da heresia" (Q. 7, § 68, p. 905).[5] Entre toda a intelectualidade que resgatava Maquiavel como referência para a unificação da península, Gramsci via De Sanctis como o principal formulador da "exigência de uma nova atitude [pelos intelectuais] em face das classes populares, um novo conceito do que seria 'nacional', (...) mais amplo, menos exclusivista, menos 'policial'" (Q. 23,§ 1, p. 2185).[6]

---

5   Parágrafo do *Caderno 7*, também de notas miscelâneas, escrito em outubro de 1930 e com clara entonação desanctisiana: nele aparece Maquiavel como representante da "ciência que opera sobre um mundo já corrompido" (DE SANCTIS, 1961, p. 1048).

6   Este parágrafo é bastante tardio, escrito em fevereiro de 1934, e é o primeiro do *Caderno 23*, especial, no qual Gramsci buscou organizar notas sobre tema da "crítica literária", ao que parece, planejado para ser um ensaio com vistas a aproximar Francesco De Sanctis de uma história da tradição materialista

POLÍTICA E LITERATURA   127

Para De Sanctis, Maquiavel buscara no problema da unidade entre ciência e política a recuperação da unidade entre o mundo do espírito e o mundo da vida prática. No retorno a essa interpretação do pensamento do secretário florentino, que marcou desde os primeiros meses sua vida como prisioneiro do fascismo, Gramsci formulou a hipótese da distinção entre o Humanismo renascentista e a vida nacional italiana durante o Renascimento. Sobre isso, a relação dos intelectuais renascentistas com a língua vulgar da época era sintomática. Para a maioria deles, o uso do vulgar servia apenas para destacar as vantagens do latim e era, assim, um instrumento de afirmação aristocrática do universalismo medieval e eclesiástico, daqueles que se comportavam como membros de uma "casta cosmopolita" em território italiano (Q. 5 § 123, p. 652).[7] Os intelectuais do Renascimento se mantinham, nas palavras de Gramsci, tão "anacionais e cosmopolitas como na Idade Média" (*idem, ibidem*, p. 653). E concluía: a cultura renascentista permaneceu na órbita política do papado e do imperador e não produziu uma vida política e cultural verdadeiramente nova, nacional e popular.

Para Gramsci, foi de suma importância, portanto, desenvolver e sistematizar explicitamente uma distinção entre Humanismo e Renascimento: "O Renascimento é um movimento de grande porte, que se inicia depois do ano 1000, do qual o Humanismo e o Renascimento (em sentido estrito) são dois momentos conclusivos, que tiveram na Itália seu desenvolvimento principal, enquanto o processo histórico mais geral é Europeu e não apenas italiano" (Q. 17, § 3, p. 1909). Na Itália, o Humanismo e o Renascimento foram

---

histórica na Itália (ver FRANCIONI, 1984, p. 146). Ao que parece, Gramsci pretendia desenvolver o antigo argumento croceano que afirmara De Sanctis como o primeiro representante, "espontâneo" e não doutrinário, do materialismo histórico na Itália.

7   Longo parágrafo intitulado "Renascimento", com escrita de versão única, redigido entre novembro e dezembro de 1930.

a "expressão literária" de um desenvolvimento internacional, que se tornou decadente e regressivo na península, enquanto na Europa se tornou um movimento geral que culminou na formação dos Estados nacionais e na expansão mundial da Espanha, Portugal, Inglaterra e, com caráter especial, da França.

Neste ponto, porém, havia algo que Gramsci desejava "corrigir" em relação à investigação histórica desanctisiana, e que tivera grande impacto na formulação filosófica de Croce: sua reflexão "antijacobina" a respeito da Revolução Francesa. Para este caso, mesmo De Sanctis não escapara da "mentalidade" predominante entre os intelectuais de sua época, e afirmara o jacobinismo como "fracasso da ciência", do "realismo maquiaveliano", na França. Em sua leitura sobre o Renascimento e também sobre o *Risorgimento* italiano, aparecia a ideia de uma vida plena e agitada que completava então seu ciclo, refletindo-se na arte e ciências, sendo que o "limite" se mantinha com algum prestígio. A monarquia era instrumento de conquista, unificação e glória; abundavam os ilustres *casati*, que representavam a glória nacional.

O crítico percebia que, ao longo do século XVIII, o cosmopolitismo dos intelectuais europeus chegara, com o movimento do Iluminismo, a seu ponto "máximo". A vida intelectual e política desses países expressava, até então, a manifestação hegemônica da cultura e dos grandes intelectuais vinculados à tradição do Renascimento: cada classe dominante nacional estava mais próxima das outras classes dominantes, através da cultura e dos costumes, e distante das classes subalternas, ainda que estas fossem "cosmopolitas" em seu programa e destinação histórica.

As classes dominantes eram, até o século XVIII, intelectual e politicamente "cosmopolitas", embora a vida econômica dessas nações já tivesse se transformado (Q. 6, §125, p. 795). Nesse sentido, a hegemonia das classes dominantes se impunha especialmente no âmbito das

POLÍTICA E LITERATURA   129

relações internacionais, não apenas em sentido militar, mas também cultural, entre as nações (D'ORSI, 2008, p. 14). Os monarcas eram vistos como uma autoridade forte e irresistível, necessária não tanto para conservar, mas especialmente para equilibrar a vida da nação em um contexto de corrupção da Igreja.

O processo que culminou na Revolução em 1789, por sua vez, foi o movimento em que os intelectuais franceses tenderam atuar não mais como grupo social parasitário, mas sim produtivo, inserido no modo de produção emergente. Tornavam-se produtores conscientes de "bens que se comportavam como bens materiais", mercadorias intelectuais, conectados intimamente às leis de produção e do consumo capitalista. Além disso, passavam a provir indiferentemente de várias classes sociais, principalmente daquelas especializadas na distribuição de serviços (pequena e média burguesia) (ASOR ROSA, 1996, p. 160). Paralelamente, a ideologia liberal passava a envolver sua consciência como grupo social hermético: ideologia do comprometimento apartidário com a "liberdade e a verdade" (*idem, ibidem*, p. 161).

Era o intelectual moderno, nacional-popular, que nascia no caminhar do século XVIII, justamente do processo de dissolução dos antigos Estados; intelectual que, ainda que se apoiasse na cultura humanista surgida no Renascimento, já não era mais prisioneiro de suas regras cosmopolitas. Sua atividade permitia a crítica histórica da vida intelectual e, na vida política, é possível observar sua aproximação com o universo jacobino (*idem, ibidem*, p. 162). Este intelectual atuava com vistas a dissolver o poder estabelecido pela Igreja e aristocracia tradicional, influenciado pela vida e ação do "populacho" ignorante, pela selvagem "multidão suína", diria o historiador conservador Edmund Burke (BURKE, 1999, p. 173; RUDÉ, 1994, p. 78) A Revolução Francesa significava, portanto, uma decisiva mudança, com a transferência do peso da autoridade política e intelectual para um novo sujeito, o "povo", e a transformação completa das instituições sociais existentes (*idem, ibidem*, p. 77).

Na França jacobina, De Sanctis via a ciência se transformar em revolução a serviço de uma nova classe que assumia uma nova posição na vida. Esta revolução, ao combinar ciência e povo, fora absoluta em seus princípios e abstrata em suas convulsões. Procurando a liberdade não no limite, mas contra o limite, afirmava De Sanctis, os franceses teriam rompido este e perdido aquilo que desejavam. De Sanctis sustentava, com isso, uma crítica ao jacobinismo que, em certo aspecto, ressoava a crítica que fazia Burckhardt aos "exageros" de Maquiavel.[8] Ao operar fora de qualquer tradição e condição histórica, a sociedade francesa teria mantido *em suspenso* o trabalho intelectual: foram provados todos os mecanismos, todas as experiências, os fatos foram constrangidos a caminhar com a mesma velocidade das ideias. A história saiu de sua via natural, sem encontrar desfecho, deixando diante de si intelectos dúbios, sentimentos vacilantes, características móveis – um espírito irrequieto, aventuroso, que muito se agitou e pouco concluiu, sem firmeza nos fins e sem seriedade nos meios. Assim, aqui a ciência não operara como ciência, mas como vida e encerrada sob condições em que deve exaltar as paixões, os direitos, as características, o bem e o mal (DE SANCTIS, 1961, p. 1087).

O jacobinismo ao qual se referenciava De Sanctis, porém, era estranho ao que Gramsci investigou como história da "vida nacional

---

8   É possível dizer que, antes de Gramsci, De Sanctis já realizava a conexão histórica entre o pensamento de Maquiavel e o partido jacobino, ainda que de maneira crítica: "O que morre com Maquiavel é seu exagero", ou ainda, "os meios mudam, os fins são eternos" (cf. DE SANCTIS, 1973). De maneira semelhante, Jacob Burckhart afirmou em seu livro sobre o Renascimento na Itália que "a imaginação e a pressão dos tempos seduzem Maquiavel (…) a fazer uma louvação incondicional do povo, que saberia escolher melhor do que qualquer príncipe" (BURCKHARDT, 2009, p. 109-110).

francesa", que se conformou no final do século XVIII e ao longo do século XIX, da Revolução de 1789, passando pelos acontecimentos de 1848 até a Comuna de Paris em 1871 (Q. 13, §17). No que diz respeito aos "fenômenos da cultura", Gramsci associava à Revolução de 1789 o processo no qual a língua francesa se tornava "nacional-popular", fundia sobre o termo "nação" o sentido da participação dos indivíduos na vida política do país. Além da língua, a literatura política francesa expressava uma viva relação entre cidade e campo, que traduzia uma realidade cultural nova e expansiva, dada sua capacidade de ser "exportada". Para Gramsci, isso era possível porque a linguagem jacobina, sua ideologia, refletira perfeitamente as necessidades da época, segundo as tradições e a cultura francesas (Q. 1, §44, p. 43).

Para o marxista, a Revolução de 1789 combatera a crise cosmopolita da ciência positiva na França, em especial pela explicitação dos limites desta com o processo revolucionário que percorreu e determinou nova cultura, nacional-popular. A intelectualidade tradicional europeia vivia no século XVIII os impasses do retorno assombroso das "religiões" de massas ao centro da política, tanto as libertárias e revolucionárias como as conservadoras e abertamente reacionárias. O "caráter essencial da literatura francesa" passou a ser definido, portanto, por um aspecto eminentemente "social". Diferentemente da "literatura artística" italiana, da "literatura cavalheiresca" espanhola, da "literatura individualista inglesa" e da "literatura filosófica alemã", a cultura literária na França se identificava imediatamente com o surgimento de um público de massas na Europa desde o final do século XVII, e era definida por esse aspecto histórico (BRUNETIÈRE, 1947, p. 18-20). A França assumia uma vocação como cultura nacional que tinha resultados, inclusive, nas reformas linguísticas com objetivo de simplificar e racionalizar o idioma francês e ampliar seu alcance (*idem, ibidem*, p. 22).

132 DANIELA MUSSI

Além disso, os escritores e literatos franceses passavam a alimentar não apenas a nação francesa, mas a Europa toda, através da exportação de sua literatura para os países em que o impulso nacional-popular da vida local era incompatível com a vida intelectual. Esse caráter era definido por dois aspectos principais: a abundância e fecundidade da literatura francesa e sua função eminentemente educadora e persuasiva (*idem, ibidem*, p. 21). A literatura francesa havia se transformado em uma literatura "para ser lida" e, por isso, se tornado superior aos gêneros literários tradicionais (*idem, ibidem*, p. 24). Os escritores franceses não separavam suas ideias artísticas dos interesses, do proveito real, do prazer dos leitores, da instrução e da diversão.

As razões para esse fenômeno de "universalização da língua e literatura" se conectavam a uma nova forma de hegemonia francesa, e não apenas ao aumento numérico da população ou à existência de tradicionais círculos literários e artísticos (DARNTON, 1979). Afinal, "não são sempre romances e folhetins franceses os que se encontram nas vitrines das livrarias de Viena, ou de Berlim, de Roma ou de Nápoles?" (BRUNETIÈRE, 1947, p. 29). A Europa, especialmente do final do século XVIII e durante todo o século XIX, adquiria, assim, um novo destino, relacionado ao destino nacional dos vários Estados do continente e vinculado à consciência da necessidade da incorporação e direção das massas populares no plano político, cultural, econômico.

Em sua análise das transformações realizadaspela experiência do jacobinismo, Gramsci esperava recuperar um sentido histórico mais elevado: o nascimento, sob a estratégia da revolução permanente em 1789, da realização da hegemonia no sentido da combinação da força, da organização militar e também ético-política (Q. 10, §9, p. 1229; cf. KANOUSSI, 2007, p. 129). Os jacobinos "encarnavam" a realização de uma "ideologia unificadora que dava coesão" ao descontentamento e às aspirações de setores sociais distintos, conferiam ao ambiente cultural francês um vocabulário e uma "psicologia revolucionária" comum (RUDÉ, 1994, p. 89).[9]

Assim como Marx, nos *Cadernos* Gramsci percebia na derrota do jacobinismo e tomada do poder por Napoleão um processo regressivo, em que a revolução permanente cedeu lugar à "guerra permanente" e houve a ampliação do elemento força em relação ao consenso no equilíbrio das forças revolucionárias (MARX, 2003, p. 142). Contraditoriamente, a derrubada de Robespierre e dos jacobinos fora o começo da realização do "iluminismo político", sob o governo do Diretório entre 1795-1799, e um retorno ao cosmopolitismo na sociedade a qual a Revolução havia justamente "libertado das amarras feudais" (*idem, ibidem*, p. 141). A ditadura de Napoleão a partir de 1799 simbolizava "a última batalha do terrorismo revolucionário contra a sociedade burguesa, também proclamada pela Revolução e sua política" (*idem, ibidem*). Napoleão, entretanto, levara a cabo o terrorismo contra a burguesia liberal que havia projetado a sociedade civil e, junto aos seus interesses materiais, massacrara também seus ideólogos, afirmando o Estado como "um fim em si" (*idem, ibidem*).

Após a derrota de Napoleão, a contrarrevolução, através da Restauração bourbônica, também combateu a burguesia liberal e retomou, em 1830, seu poder político,

> com a diferença de que agora, seu esclarecimento político já havia chegado a seu término, pois já não via no Estado representativo constitucional o ideal de Estado, não acreditava mais na aspiração de salvar o mundo, nem pensava em alcançar fins humanos de caráter geral, mas já havia reconhecido, muito antes,

---

9   O historiador George Rudé observou que, nesse período, o vocabulário político comum começou a incorporar termos como "cidadão", "nação", "contrato social", "vontade geral" e "direitos do homem" (RUDÉ, 1994, p. 89).

134 DANIELA MUSSI

que o Estado era a expressão oficial de seu poder exclusivo e o reconhecimento político de seu interesse particular (*idem, ibidem*, p. 143).

Em Gramsci também encontra-se a ideia de que a fase pós-bélica se caracterizou por uma degradação da hegemonia nacional-popular. Em outros termos, pelo desenvolvimento e estabelecimento de dois imperativos estanques, inorgânicos: um mais propriamente político (povo--nação) e outro sociológico (povo-sociedade). Entre eles, a representação política passou a oscilar para dar conta *da ausência de um sujeito soberano* (VERDO, 2002/2003, p. 700). A consequência desse processo foi a mistificação da ideia de democracia como um "ente" de caráter sagrado, ao invés de revelar a essência política e conflituosa das relações entre governantes e governados no capitalismo (*idem, ibidem*, p. 701).

Em sua análise do jacobinismo, dos avanços e retrocessos do processo revolucionário, Gramsci concluiu que, nas diversas combinações de equilíbrio entre força e consenso, a força não poderia superar o consenso (a guerra não poderia superar a revolução), e observou que entre força e consenso era também possível encontrar a corrupção-fraude como modalidade de equilíbrio (Q. 13, §37, p. 1638; cf. KANOUSSI, 2007, p. 130). Essa modalidade era o que conectava, de maneira mediada, a história da vida nacional francesa à vida unitária italiana no século XIX, e que desembocaria no desenvolvimento do conceito de revolução passiva e análise do "jacobinismo italiano". Nesse sentido, Gramsci construiu uma conexão íntima de dois momentos da história da Europa moderna: a revolução-restauração francesa e a revolução passiva italiana

O "jacobinismo italiano"

O movimento de unificação nacional que culminou no *Risorgimento* teve origem no século XVIII, quando as diversas regiões da península foram integradas ao continente europeu com uma forte função agrária e exportadora, abrindo também suas fronteiras política e intelectualmente para a recém-estabelecida cultura iluminista europeia. Após as guerras de sucessão espanholas (1702-1714), a Itália[10] passou a manter uma forte relação de dependência econômica com os países da Europa, sendo a prosperidade dos estados italianos estreitamente conectada à do mercado europeu. No plano político, os intelectuais italianos, mesmo os "reformadores", sentiam a necessidade de aprender com a experiência dos outros países; e, em geral, participavam de maneira cosmopolita da circulação das ideias que, de Paris, se irradiavam por todo o continente (WOOLF, 1981, p. 40).

Nesse período, o consumo cultural italiano, como em outras nações europeias, passou por um impulso de expansão, verificável, por exemplo, no mercado de livros. Os editores e impressores se multiplicaram, os catálogos se enriqueceram, as tiragens aumentaram sensivelmente, as publicações de caráter periódico se tornaram cada vez mais numerosas e especializadas. Além disso, já no século XVIII a Itália passou a traduzir obras literárias estrangeiras e publicá-las de forma massificada. Os livros franceses[11] ocupavam importante lugar dentre os traduzidos, dentre eles a *Encyclopédie* de Denis Diderot e Jean le Rond

---

10   Importante ressaltar o comentário de Gramsci no *Caderno 19* sobre a necessidade de pesquisar os diversos sentidos que a palavra "Itália" possui ao longo da história. Com isso, o marxista sardo destacava que o termo foi o mesmo para realidades distintas, e que não era possível pensar em Itália como "pátria" e "nação" até o século XVIII (cf. Q. 19, §1, p. 1959).

11   Segundo Procacci, a língua francesa era largamente conhecida na Itália nesse período, e muitas obras eram lidas no original e publicadas de forma semiclandestina, de forma a burlar a censura da Igreja. Além disso, muitos escritores italianos (ex. Carlo Goldoni, Giacomo Casanova, Ferdinando Galiani e Giuseppe Baretti) escreviam em francês e, em menor medida, em inglês (PROCACCI, 1998, p. 264).

136 DANIELA MUSSI

d'Alembert, *L'Histoire de Charles XII* de Voltaire (em 1734) e a *Nouvelle Héloïse* de Rousseau (em 1764) (PROCACCI, 1998, p. 263).

Este crescimento do mercado de livros no século XVIII foi acompanhado pela expansão dos espetáculos teatrais, sendo que a maior parte dos grandes teatros italianos teve origem justamente nessa época. O nascimento e crescimento de um amplo público ditavam a regra aos produtores de cultura na península, obrigavam os intelectuais a abandonarem sua posição tradicionalmente isolada e impunham novos problemas e novas responsabilidades (*idem, ibidem*, p. 264). Com isso, era colocado também o problema da língua italiana, que, como língua moderna, deveria passar por um processo de depuração que a tornasse mais funcional, mais nacional e menos literária (*idem, ibidem*, p. 265).

Apesar das transformações significativas pelas quais passava a península, era latente sua pouca importância política internacional (WOOLF, 1981, p. 22). Além de resolver o problema de "como" falar e comunicar aos italianos, os intelectuais precisavam resolver o problema de "que coisas dizer". A solução para esse impasse encontrava, aos poucos, uma saída na junção entre aspectos da cultura tradicional italiana e o iluminismo europeu, com seus progressos então realizados em diversas áreas do saber (PROCACCI, 1998, p. 266).

Importantes trabalhos históricos sobre a literatura e a pintura italiana foram publicados nessa época por intelectuais responsáveis por um gigantesco trabalho de erudição e "escavação", especialmente na recuperação de autores e textos que a cultura precedente havia ignorado, e mesmo desprezado. O maior exemplo foi a recuperação do pensamento de Maquiavel, autor então proscrito e execrado, cuja obra teve sua primeira edição quase integral na década de 1780, em Firenze (*idem, ibidem*, p. 268). A geração de intelectuais como Ludovico Muratori (1672-1750), Pietro Giannone (1676-1748) e Pietro Verri (1728-1797), preocupada com a história obscura do *medioevo*, ajudava a fazer nascer uma "civilização italiana" moderna sob a influência racionalista do período das Luzes (*idem, ibidem*, p. 269; SALVATORELLI, 1949, p. 32).

A literatura que se popularizava no século XVIII italiano era principalmente de caráter civil, "inspirada em valores fundamentais da humanidade",[12] e assumia a tarefa de formação e educação do gosto de um público novo e entusiasmado (*idem, ibidem*, p. 55). Além disso, a expansão significativa do teatro – gênero eminentemente público – era verificada no papel que a produção dramática ocupou na obra de alguns dos maiores escritores italianos, como Vittorio Alfieri (1749-1803), Giuseppe Parini (1729-1799) e Carlo Goldoni (1707-1793) (PROCACCI, 1998, p. 269). Goldoni, por exemplo, foi responsável por uma reforma teatral na qual buscou testar no estilo popularesco da comédia a disciplina do teatro como fato culto e literário, na tentativa de criar e educar um novo gosto teatral, de massas (*idem, ibidem*, p. 270). Parini, por sua vez, representou na poesia a "literatura científica" da época, desprezando a "velha política, a razão de estado tradicional, que no obscurantismo tece a trama na qual aprisiona o destino dos povos" (SALVATORELLI, 1949, p. 83). Esses intelectuais possuíam um "ideal de vida civil", de uma "cidade que viva de uma atividade saudável e próspera, longe da miséria e do ócio, em um regime de liberdade moderada e de autonomias locais" (*idem, ibidem*, p. 85).

A formação nacional italiana apenas dava seus primeiros e contraditórios passos econômicos e culturais no sentido de uma sociedade moderna de massas. Essa formação, que coincidia de maneira

---

12   É interessante observar que os intelectuais da península alcançaram espaço original na cultura iluminista europeia desse período, o que pode ser verificado, por exemplo, em Cesare Beccaria (1738-1794), conhecido por *Dei delitti e delle pene* (Dos delitos e das penas) (cf. BECCARIA, 2005).

138 DANIELA MUSSI

complexa com o fortalecimento da atividade agrário-exportadora e a hegemonia político-cultural iluminista, culminaria em uma não menos contraditória unificação nacional no século XIX. Essa coincidência era a medida na qual a península se tornava "italiana" e europeia, e adquiria a "consciência do atraso italiano e da necessidade de recuperar o tempo perdido" (PROCACCI, 1998, p. 271).

Em seus *Cadernos*, Gramsci atentou ao fato de que, assim como no século XV, tempo de Maquiavel, o século XVIII se caracterizava por um distanciamento entre a cultura iluminista dos intelectuais e uma cultura espontânea das massas influenciada pelo movimento das luzes. E observara o fato dessa separação se manter no século XIX, sendo a incapacidade de formação de uma literatura *nacional-popular* na península um dos sintomas desta que era a própria debilidade da formação do Estado capitalista e da burguesia como classe dirigente nacional (cf. Q. 13, §1).

A perspectiva de fundação de um Estado nacional italiano passava ao largo da resolução dos novos conflitos modernos, dada a natureza internacional e cosmopolita da cultura e política medieval, representadas pela hegemonia do Sacro Império Romano Germânico e da Igreja Católica (ASOR ROSA, 1996, p. 48). Mesmo o "reformismo iluminado" italiano do século XVIII foi restrito a algumas regiões italianas (Lombardia austríaca, Parma, Toscana lorenense e ao reino de Nápoles), e ainda assim passou por uma fase de decadência a partir da década de 1780. O retrocesso das reformas culturais e intelectuais já era evidente mesmo antes da Revolução Francesa e, justamente por isso, a vida intelectual italiana era bastante dependente do desenvolvimento das demais nações europeias, sendo profundamente impactada pelo processo revolucionário francês (PROCACCI, 1998, p. 305).

O "exemplo francês" de 1789 e dos jacobinos influenciou especialmente as jovens gerações de intelectuais italianos que, entre 1794 e 1795, organizaram tentativas de transformação radical semelhantes no Piemonte, em Bolonha, em Palermo e Sardenha (*idem, ibidem*, p. 306; SALVATORELLI, 1949, p. 119). Estes intelectuais fundiam como referências, por exemplo, Rousseau, com seu *Du contrat social*, e o modelo político da Constituição do ano I revolucionário. Nesse período, emergiram, embora de maneira difusa, as aspirações pela unificação nacional que alimentariam todo o movimento *risorgimentale* do século seguinte. Mais do que isso, o ideário jacobino francês parecia servir de base para a construção da "causa" e de uma identidade da revolução italiana, com as ideias de "iluminação" do povo e a melhor conduta dos governos (SALVATORELLI, 1949, p. 125; cf. PROCACCI, 1998, p. 307).

No entanto, com o desenvolvimento do processo político francês, com a derrota dos radicais-jacobinos e a manutenção da política externa francesa do *ancien régime* em relação à Itália, surgiram impasses entre as aspirações revolucionárias italianas e aquelas próprias da estabilização da França termidoriana (PROCACCI, 1998, p. 308; SALVATORELLI, 1949, p. 163). A ocupação militar na península obedecia às orientações do Diretório francês, subordinada, portanto, aos interesses estatais da França. A estabilização desse domínio, entretanto, convivia com a pressão gerada pelos interesses de renovação e independência cultivados na península por parte da população italiana sob influência dos jacobinos.

Com a derrota dos jacobinos e a ascensão de Napoleão Bonaparte e as conquistas militares de 1796-1797, a península passou a ter a parte setentrional de seu território ocupada e o exército francês teve ampla liberdade de movimento e iniciativa na região (*idem, ibidem*, p. 308). De certa forma, porém, embora conservadores para o contexto francês, o Código e as reformas napoleônicas na Itália eram avançados para a cultura e instituições locais, especialmente no enfrentamento parcial com o poder eclesiástico e através de medidas de redistribuição de terras (PROCACCI, 1998, p. 310-311). O período napoleônico, portanto, foi responsável por equilibrar as pressões exercidas no contexto das

140 DANIELA MUSSI

lutas nacionais na região e implantar na península uma administração e um aparato estatal mais eficiente do que a jurisdição feudal, sem que os interesses dos proprietários de terra fossem severamente afetados. Além disso, depois de 1796, foi o próprio processo de formação intelectual na Itália, até então estreitamente vinculado à carreira eclesiástica, que se modificou sensivelmente. No século XVIII, tanto na França como na Itália, a influência do Iluminismo passou a ser sensível mesmo entre os intelectuais do clero. Além disso, na Itália muitos dos intelectuais do *Risorgimento* foram formados política e militarmente nas academias militares criadas no tempo de Napoleão, mas também novas universidades foram criadas e as antigas fortalecidas, novas academias de belas artes surgiram, novos conservatórios, escolas especializadas, liceus instituídos com o modelo francês. Essa nova intelectualidade que surgia era também responsável, através do fortalecimento das atividades jornalísticas, pela consolidação gradual de uma opinião pública na península (*idem, ibidem*, p. 321).

Apesar disso, o regime de ocupação militar com anexações pelos franceses de regiões da península italiana, os altíssimos impostos e os compromissos estabelecidos com parte da nobreza local nessa *eversione della feudalità* criavam e fortaleciam contradições para a hegemonia da França na Itália, especialmente na falta do contato da vida estatal com a vida popular. A população italiana, o "terceiro Estado", adquiria consciência relativa de que nenhuma revolução havia precedido às mudanças institucionais e econômicas da região, que mantinham sua estrutura de acumulação da riqueza e poder nas mãos de um estrato social restrito. Para a intelectualidade italiana, o temor de novas e radicais mudanças (simbolizadas pelo jacobinismo) tornara-se mais forte do que qualquer expectativa de confronto com os arcaísmos italianos. A dominação militar sob Napoleão, a moderação das mudanças e os compromissos com a nobreza e o clero italianos compunham uma saída mais segura para essa intelectualidade "artística", ou ainda, puramente "cosmopolita".

Foi nesse período, também, que se conformaram os contornos do que viria a ser a "questão meridional". As grandes propriedades dos *galantuomini* e aquelas dos pequenos proprietários na região sul da península, o *mezzogiorno*, continuaram a ser os pilares de uma condição geral de atraso e distância social abissal entre os privilegiados e a população da região meridional. Aliado a isso, nessa região o processo de formação de estratos sociais intermediários, de uma burguesia agrária e urbana, foi mais lento do que em qualquer outra região da península, com baixa iniciativa industrial e manufatureira (PROCACCI, 1998, p. 319; SALVATORELLI, 1949, p. 143). Embora a estrutura estatal, administrativa e fiscal da região sul tivesse sido reformada, o tecido social sobre a qual se assentava permanecera substancialmente o mesmo, e seu atraso era cada vez mais evidente (PROCACCI, 1998, p. 319).

Para os intelectuais expoentes do debate sobre o processo revolucionário italiano, aos poucos se desenhou uma concepção monárquica constitucional liberal moderada, ou ainda, a ideia de uma *monarchia temperata*. Esse é o caso, em especial, de Vincenzo Cuoco (1770-1823), historiador influente que cunhou o termo "revolução passiva" em um famoso *Saggio Storico sulla Rivoluzione Napoletana del 1799*. Cuoco vivera o período no qual, em 1799, os franceses haviam lutado contra o domínio bourbônico na Sicília e vencido com ajuda dos italianos influenciados pelo ideário da Revolução Francesa, processo conhecido por "Revolução Napolitana" (SALVATORELLI, 1949, p. 142). Em seguida, no mesmo ano, os revolucionários italianos foram surpreendidos pela retirada dos franceses da região e pelo movimento de Restauração do domínio anterior. Assim como outros, Cuoco foi encarcerado, sendo em seguida condenado a vinte anos de exílio. Retornou a Nápoles em

142 DANIELA MUSSI

1806, quando da segunda conquista napoleônica, ano em que publicou a segunda versão do ensaio sobre a Revolução Napolitana.

A Revolução Francesa, a participação no movimento napolitano, a condenação, o exílio, bem como o tempo em que viveu em Milão, tiveram influência decisiva na formação do pensamento político de Cuoco, assim como de sua geração. Os "jacobinos" napolitanos compunham em 1799 uma restrita elite, já que poucos defendiam como necessária uma ruptura revolucionária para resolver os problemas daquela sociedade (VILLANI, 1999, p. 9). Cuoco possuía suas raízes numa tradição renovada de uma educação liberal, humanística e filosófica, que compreendia que a Revolução Francesa havia dissociado o conceito de "pátria" da pessoa do rei, elevando o súdito à posição de cidadão, embora de maneira abstrata (*idem, ibidem*, p. 10; SALVATORELLI, 1949, p. 143).

Cuoco, historiador e jurista napolitano, era expressão de um grupo dirigente novo que se formou entre 1796 e 1815, na experiência da revolução e da era napoleônica (VILLANI, 1999, p. 11). Compartilhava de uma posição política mediada entre o "extremismo" e "abstracionismo" dos jacobinos franceses e as tendências mais reacionárias e intolerantes, posição que valorizava a energia e o consenso popular canalizados no sentido de "reformas duradouras" por meio da educação civil e nacional. A geração de Cuoco com seu jacobinismo "moderado" tornou-se um ponto de referência para o movimento *risorgimentale* do século XIX, bem como para a consolidação de uma tradição historicista italiana (*idem, ibidem*, p. 15). Além disso, esta leitura teria muita influência nas ideias de Francesco De Sanctis sobre o sentido de jacobinismo.

Um dos motivos que orientara Cuoco na construção de seu *Saggio* fora a necessidade de apreender de maneira realista a situação meridional italiana e estabelecer um critério histórico de interpretação sobre os acontecimentos que culminaram nos eventos de 1799. Cuoco partiu de uma delimitação influenciada pela literatura reformista da segunda metade do século XVIII, para a qual existiam dois "povos" italianos, e, assim, tornava sua reflexão consciente do atraso, do parasitismo, da miséria e da opressão dos camponeses do *Mezzogiorno* (*idem, ibidem*, p. 16). Paralelamente, afirmou que uma revolução seria impossível sem as massas, sem levar em conta suas necessidades e circunstâncias. Para a geração de Cuoco, porém, a "revolução deveria ter caráter puramente nacional e, poderia ser dito, local, bem como produzir efeitos limitados, graduais. Não se pode produzir, para essa concepção, uma revolução segundo ideias muito gerais, nem segundo um único plano" (SALVATORELLI, 1949, p. 144).

A cultura intelectual napolitana representada por Cuoco, portanto, embora influenciada, não era francesa ou inglesa, mas tentava propor e resolver problemas caracteristicamente italianos. Provavelmente, a ênfase nacional e o realismo dessa intelectualidade, reforçados pelas observações da revolução e contrarrevolução de 1799, era o que a induzia a insistir mais nas diferenças que nas analogias com o processo histórico das demais nações europeias (VILLANI, 1999, p. 18). Aqui, a ideia de uma "Revolução Napolitana" era também a ideia de uma conexão permanente com o passado, contra a ideia de uma ruptura com o passado, tal como fora a Revolução Francesa (SALVATORELLI, 1949, p. 144).

Em seus escritos carcerários, Gramsci valorizou criticamente a contribuição histórica de Cuoco para a interpretação da unificação Itallana. No *Caderno 1*, é possível encontrar uma passagem em que Gramsci incorporava, em sua reflexão sobre o conceito de hegemonia, a noção de "revolução passiva", elaborada a partir do que Cuoco apresentara no *Saggio*:

144 DANIELA MUSSI

> Pode e deve existir uma "hegemonia política" mesmo antes do alcance do Governo e não precisa contar somente com o poder e com a força material que esse dá para exercer a hegemonia política. Na política dos moderados aparece clara essa verdade e é a solução desse problema que fez possível o Risorgimento nas formas e limites no qual se efetivou de revolução sem revolução [ou como revolução passiva, segundo a expressão de V. Cuoco] (Q. 1, §44, p. 41; cf. também Q. 19, §§ 66 ao 95).

Esse parágrafo, intitulado "Direção de classe antes e depois da tomada do poder", serviu de base depois para construção de um conjunto de novos parágrafos no *Caderno 19*, sobre o *Risorgimento* italiano. O ensaio de Cuoco sobre os acontecimentos de 1799 ajudava Gramsci a compreender a formação, o programa e a movimentação, entre 1853 e 1867, do partido democrático da unificação, o Partito d'Azione, fundado por Giuseppe Mazzini. Seguindo as pistas deixadas pela reflexão feita por De Sanctis, que fora influenciado pela crítica de Cuoco ao jacobinismo francês, Gramsci identificava os problemas das duas principais correntes políticas do *Risorgimento*, democrática e liberal, de suas relações recíprocas e de suas relações com os demais grupos sociais. Esses problemas estavam conectados ao fato de que os moderados (liberais) hegemonizavam o processo político da unificação, enquanto o Partito d'Azione, embora imprimisse ao movimento de unificação um caráter popular e democrático, era incapaz de se apoiar em alguma classe histórica.

Era possível dizer que, historicamente, o Partito se orientou politicamente pelos moderados, e não pelos princípios teórico-políticos enunciados por Mazzini e outros intelectuais democráticos (mesmo De Sanctis), mantendo uma separação fundamental com relação às massas populares. Assim como em 1799 os eventos conduziram Cuoco a formular a interpretação do processo revolucionário italiano como "passivo", sobre o olhar "em tempo real" de De Sanctis o *Risorgimento* italiano matinha um caráter não nacional-popular.

Utilizando o conceito de hegemonia, Gramsci afirmou um critério histórico-político crítico para a pesquisa sobre o *Risorgimento*: 1) que os moderados continuaram a dirigir o processo político, mesmo depois dos anos 1870, quando o Partito confluiu com a Sinistra Storica dirigida por Agostino Depretis e 2) que o *trasformismo*, ou seja, a decapitação política das classes subalternas, fora a expressão política dessa ação de direção pelos moderados. O transformismo, afirmava Gramsci, era caracterizado pelo processo de elaboração de uma classe dirigente nos quadros fixados pelos moderados depois de 1848, com a absorção dos elementos ativos da corrente democrática, tanto aqueles saídos de classes aliadas como também das inimigas, causando a decapitação e impotência destas (Q. 1, §44, p. 42).

O debate sobre a literatura e as artes em geral não se manteve imune a esse processo de intensa agitação cultural e política, e tampouco prescindiu de um balanço profundo do século anterior e da razão iluminista que o havia organizado e dirigido. O século XIX repunha a questão "das grandes nacionalidades históricas que tomaram consciência de si mesmas" (BRUNETIERE, 1947, p. 18). O cosmopolitismo dos grupos de intelectuais italianos, tanto democráticos como liberais, seu afastamento para com as massas era central para compreender por que arte e política não se fundiam na Itália. O cosmopolitismo, para Gramsci, estava associado à ausência de uma "reforma religiosa", de um movimento de popularização de uma concepção de mundo em contraste com a tradição católica, articulado a um movimento de despontar de uma nova e integral concepção de mundo. Os intelectuais italianos, historicamente, eram incapazes de promover uma modernização popular da península, mesmo que avançassem artisticamente e filosoficamente.

146 DANIELA MUSSI

Ao contrário de outros Estados europeus, especialmente o francês, na Itália a unidade entre nação e povo possuía dificuldade em se concretizar (Q. 23, §57, p. 2251). A península vivia uma situação política nacional resultante de um processo de consenso degradado, subalterno e do afastamento pelos dirigentes dos interesses populares. A formulação gramsciana era precisa: os italianos não leem literatura nacional porque essa literatura não lhes diz respeito, sua tradição é "livresca e abstrata", não enfrenta as necessidades históricas e populares mais profundas, não consegue identificar a *nação-povo* (Q. 21, §5. p. 2116).

A literatura francesa do século XIX, porém, ainda que avançasse sobre o mercado italiano, não era capaz, para Gramsci, de ativar as massas populares, agia como "ópio" sobre elas, projetando de forma ilusória uma realidade em que a "feia" vida sob o capitalismo não existisse. Esse era um indício de que a própria vida nacional-popular francesa se corrompia rapidamente, bem como sua literatura, sob a égide da mercadoria. Essa corrupção era resultado do afastamento dos intelectuais franceses "do nível dos fatos", avessos a uma estética crítica que fizesse jus à sociedade de massas que a França se tornava (OEHLER, 1997, p. 47). Esses intelectuais se recusavam à "percepção das mudanças radicais nas condições de produção da arte e ao estudo do mercado e da dialética em que este envolve o artista" (*idem, ibidem*). Essa posição, de negação da "boa aceitação" ou da recepção como critério de qualidade de uma obra, aproximava a "boemia artística da nobreza; ambas condenam-se à inexistência ao fecharem-se ao mundo". Assim,

> quando reduzem o burguês a sua vulgaridade, quando o estigmatizam como arqui-inimigo da arte, do belo e do ideal, isso significa menos um rompimento com o público do que com a própria realidade social, e isto não no sentido de uma oposição satírica ou engajada,

mas sim no de uma recusa a tomar conhecimento dela (*idem, ibidem*, p. 48).

Assim, a "arte pela arte" fortalecida entre os literatos franceses surgia no século XIX como uma "resposta teimosa, pueril" ao distanciamento que a sociedade burguesa ainda mantinha da arte (*idem, ibidem*; cf. COUTINHO, 2005). Paralelamente, abundava na França uma "literatura popular" que não passou despercebida a Karl Marx, por exemplo, ao comentar os *Mystères de Paris*, de Eugène Sue (1804-1857).[13] O romancista francês era capaz de representar um profundo caráter humano em seus personagens parisienses, porém, era obrigado, "por devoção ante a burguesia devido a uma exaltação altamente pessoal, a idealizar *moralmente* esses personagens" (MARX, 2003, p. 92). Por que razão Sue, perguntava-se Marx, assim como quase todos os romancistas franceses, introduzia o mundo literário das altas classes de Paris através da cena de um baile? Os romancistas ingleses, diferentemente, preferiam sempre, de modo geral, construir a imagem da nobreza em cenas de caça ou de visitas a um castelo rural. Para Marx, Sue via na cena do baile uma oportunidade "para reunir o grupo aristocrático dos protagonistas", oposto em suas características bem definidas aos "mistérios" dos esconderijos e da linguagem dos criminosos e vagabundos de Paris (*idem, ibidem*, p. 84).

---

13 Eugène Sue foi um escritor francês popular de romances de folhetim na primeira metade do século XIX, famoso por construir seus personagens abordando aspectos sensacionalistas da vida urbana como crime, morte e traição. Para Marx, apesar dessas tentativas de dar vida ao cotidiano parisiense, Sue não deixava de reproduzir em seus enredos a moral cristã, para a qual a única forma de resolver os problemas da sociedade urbanizada e industrial estava na pregação da humildade e do arrependimento, uma concepção abstrata e idealizada dos conflitos modernos.

148 DANIELA MUSSI

Atento às impressões de Marx sobre Sue, em especial no texto *A Sagrada Família*, de 1845, Gramsci viu no romance francês de apêndice uma "fonte de cultura" para explicar certas manifestações intelectuais subalternas na Itália. Para o marxista sardo, as "proposições" econômico-sociais do romancista francês estavam ligadas a certas tendências ao saint-simonismo, às quais se ligavam também as teorias sobre o Estado orgânico e o positivismo filosófico (Q. 3, §53, p. 334). Notava, ainda, que o saint-simonismo possuía uma difusão popular na Itália do século XX, diretamente e indiretamente, através dos romances populares que continham opiniões ligadas a esse pensamento, inclusive os romances de Sue. Essa difusão era um fenômeno que ajudava a pensar o atraso da situação política e intelectual da península, que colocava no século XX os mesmos problemas da França de 1848; além disso, os representantes desse atraso na Itália eram muito parecidos com aqueles franceses de então:[14] a boemia, composta por pequenos intelectuais vindos da província etc. (Q.3, §53, p. 335).[15]

Outro elemento interessante da vida cultural italiana era o fato de que a música representava a expressão artística e cultural local, diferentemente de outros países da Europa, em que o romance popular se difundiu. Para Gramsci, o florescimento da ópera italiana era comparável, como manifestação histórico-cultural, com a eficácia popular do romance francês. Tanto o romance popular quanto o melodrama tinham suas origens no século XVIII e se expandiram na primeira metade do século XIX, ou seja, coincidiram com a manifestação e expansão

---

14 Em outra passagem dos *Cadernos*, Gramsci comenta: "se os romances de 100 anos atrás agradam [o público italiano], significa que o gosto e a ideologia do povo são propriamente aqueles de 100 anos atrás" (Q. 21, §5, p. 2114).

15 Gramsci faz referência aqui ao personagem Rodolfo, de Sue, muito comentado por Marx ao longo da *Sagrada Família*. O marxista sardo cita, em especial, o capítulo "Revelação dos mistérios da economia política" (cf. MARX, 2003, p. 220 em diante).

POLÍTICA E LITERATURA   149

das forças democráticas populares-nacionais em toda a Europa (Q. 9, §66, p. 1136). Com o estudo dos romances populares europeus e sua comparação com a expansão do melodrama das óperas italianas, Gramsci pretendia explicar por que a corrente cultural democrática teve uma expressão musical na Itália, e não literária.

Para o marxista, o fato da linguagem produzida artisticamente na Itália não ser nacional, mas cosmopolita como a linguagem musical, conectava-se à deficiência do caráter nacional-popular dos intelectuais italianos quando comparados com os intelectuais franceses e ingleses, por exemplo. No momento em que em cada país europeu vivia a nacionalização dos intelectuais, o que refletia na própria formação das línguas nacionais, os grupos intelectuais italianos continuaram sua "função europeia" através da música (Q. 9, §66, p. 1137).[16]

Assim, na comparação entre o melodrama italiano e a literatura popular anglo-francesa, Gramsci colocava o melodrama em condição desfavorável, já que o critério de avaliação dessa relação era predominantemente histórico-popular (de quantidade) e não artístico-crítico (qualidade). Apesar disso, literatura popular francesa em sentido

---

16   Aqui, o marxista sardo destacava o fato de que mesmo os elementos "escritos" da ópera, contidos no *libretto*, não fugiam ao aspecto cosmopolita da produção artística italiana. A trama dos *libretti* não era nunca "nacional", mas europeia, e a "intriga" do drama se desenvolvia em todos os países da Europa, e mais raramente na Itália, afastando-se das lendas populares e dos romances populares. Além disso, os sentimentos e as paixões das óperas refletiam uma "particular sensibilidade europeia" do século XVIII, uma sensibilidade que não coincidia com os elementos da sensibilidade popular. Essa "falta de coincidência" entre a sensibilidade artística e a popular foi, historicamente, percebida por uma tradição de artistas, "trágicos" e depois "românticos". Justamente por isso, para Gramsci, a literatura popular deveria ser vinculada às tragédias gregas e ao teatro de Shakespeare, o que não acontecia com os romances de Sue e de sua geração (cf. Q. 9, §66).

"deteriorado", tipo Sue, não deixava de representar uma degeneração político-comercial da literatura nacional-popular (Q. 9, §66, p. 1137).

Dessa forma, em sua reflexão, Gramsci delineava uma relação que colocava a literatura italiana criticamente em relação com o nível mais alto da política: o momento da formação de um tipo de consenso, resguardado pela força, representado pela formação dos Estados nacionais (CHIARANTE, 1988, p. 108). Esse momento, cristalizado na vida nacional francesa, impunha suas contradições para a vida literária na medida em que a revolução se convertera em restauração e a literatura popular degenerara, convertida em romances de folhetim. O "nexo do problema" gramsciano, nesse sentido, era colocado na necessidade de desenvolver a crítica da literatura como um instrumento "para armar de consciência histórico-crítica" um novo protagonista político e cultural da luta social, que era o partido e o movimento operário e popular (*idem, ibidem*, p. 107).

O AntiCroce:
classes subalternas, literatura e política

Em seus *Cadernos do Cárcere*, especialmente nos escritos que deram origem ao *Caderno 10 – A filosofia de Benedetto Croce*, Gramsci discutiu as riquezas e limites do pensamento de Croce, tendo como um de seus centros reflexivos o tema da distinção sobre o intelectual profissional e não profissional. Para Gramsci, Croce tinha razão em criticar as correntes positivistas da sociologia e psicologia por seu tratamento qualitativo da diferença entre filósofos e não filósofos, bem como em afirmar uma diferença de extensão ("de grau") entre ambos. A relativa popularidade de Croce no ambiente intelectual italiano das primeiras décadas do século XX, inclusive, era explicada, na opinião de Gramsci, entre outras coisas, pelo seu "elemento filosófico-metódico (unidade entre filosofia e senso comum)" (Q. 10, 1, p. 1207).

Gramsci reconhecia a influência das ideias de Francesco De Sanctis sobre o pensamento de Croce, especialmente sobre o conceito de religião, mas em seguida se perguntava. "é Croce um reformador 'religioso'?" (*idem, ibidem*, p. 1208). Na opinião do marxista sardo, o filósofo formulara uma "dialética dos 'intelectuais' que se concebem a si mesmos como personificações das teses e antíteses e, por isso, os elaboradores da síntese", convertiam a "revolução passiva" vista criticamente sob o olhar de Vincenzo Cuoco em "fórmula de ação" (*idem, ibidem*).

Embora tenha assumido uma atitude revisionista frente ao marxismo, Croce fora profundamente influenciado pelas ideias difundidas no final do século XIX, e dessa influência resultou, por exemplo, sua valorização não determinista da história. Para Gramsci, porém, Croce via a história da Europa do século XIX como "revolução passiva", onde não aparecia, por exemplo, o impacto da Revolução Francesa e das guerras napoleônicas sobre os fenômenos políticos e culturais dos países. Croce prescindia justamente "o momento da luta, no qual a estrutura é elaborada e modificada, para assumir placidamente como história o momento da expansão cultural" (*idem, ibidem*, p. 1209). Assim, embora a reflexão crociana sobre a expansão cultural das classes e cultura dominantes europeias pudesse ser absorvida pelo marxismo, "por seu valor instrumental (...) como estudo dos fatos de cultura e do pensamento, como elementos de domínio político, da função dos grandes intelectuais na vida dos Estados", a recíproca não era verdadeira (*idem, ibidem*, p. 1211; cf. BIANCHI, 2008, p. 101).

A concepção de história de Croce precisava ser criticada por seu caráter livresco e erudito, e isso só poderia ser feito por uma profunda identificação da história com a política (Q. 10, II, §2, p. 1242). E, nesse sentido ainda, recuperando o pensamento democrático de De Sanctis, "revisto" também por Croce, Gramsci afirmou: a "filosofia de uma época não é a filosofia de um ou de outro filósofo, de um ou de outro grupo de intelectuais (...) a filosofia de uma época não é senão a história dessa época" (*idem*, II, §16, p. 1255). O historicismo de Croce era como o historicismo do "homem de Guicciardini" criticado por De Sanctis, uma forma de moderação política "que assume como único método de ação política aquele no qual o progresso, o desenvolvimento histórico, resulta de uma dialética de conservação e inovação" (*idem*, II, §41, p. 1325).

Gramsci concordava com a tentativa realizada por Croce em mostrar que entre qualidade (filosofia, intuição) e quantidade (senso comum, sensação) não existia senão uma diferença de extensão, mas buscou aprofundar essa questão:

> Se o nexo quantidade-qualidade é incindível se põe a questão: onde é mais útil aplicar a própria força de vontade: para desenvolver a quantidade ou a qualidade? Qual dos dois aspectos é mais controlável? Qual é mais facilmente medido? Sobre qual é possível fazer previsões, construir planos de trabalho? A resposta não parece haver dúvidas: sobre o aspecto quantitativo. Afirmar, portanto, que se quer trabalhar sobre a quantidade, que se quer desenvolver o aspecto "corpóreo" do real não significa que se queira descuidar da qualidade, mas significa ao contrário que se quer colocar o problema qualitativo em sua forma mais concreta e realista, ou seja, se quer desenvolver a qualidade da única maneira na qual tal desenvolvimento é controlável e mensurável (*idem*, II, §50, p. 1341).

A distinção entre filosofia e política no pensamento de Croce

> implicava, também, uma especialização ou especificação dos sujeitos. A distinção das formas espirituais encontrava nos indivíduos singulares a especificidade de suas vocações. A demarcação que Croce levava a cabo entre essas formas encontrava, dessa maneira, sedes fisicamente separadas: o "filósofo" e o "homem da política" (BIANCHI, 2008, p. 101).

Dessa maneira, para Gramsci, a tentativa de Croce em sustentar o desenvolvimento exclusivo e qualitativo das artes contra as grandes

DANIELA MUSSI

quantidades populacionais da sociologia e psicologia exemplificava o profundo elitismo político do qual se servia sua moderação política para "manter intactas determinadas condições da vida social nas quais alguns são pura quantidade, outros qualidade" (Q. 10, 11, §50, p. 1341).

Em um parágrafo dos *Cadernos do Cárcere* escrito em agosto de 1930 e intitulado "Storia delle classe subalterne", Gramsci desenvolveu a ideia de que a burguesia italiana não soube unificar o povo, e essa foi uma das causas de sua derrota e da interrupção de seu desenvolvimento como classe dirigente: um "egoísmo" que impedira uma revolução rápida e vigorosa na península, diferente de como havia sido a Revolução Francesa (Q. 3, §90, p. 373).[1] Esse apontamento histórico e comparado derivava de um "cânone de pesquisa histórica": a burguesia francesa tomara o poder lutando contra certas forças sociais com a ajuda de determinadas forças; para unificar-se no Estado, essa burguesia deveria eliminar as primeiras e obter consenso ativo ou passivo das últimas. As classes subalternas francesas, por sua vez, adquiriram autonomia nesse processo, bem como a consciência da necessária adesão de forças que poderiam ajudá-la, ativa ou passivamente, a unificar-se no Estado (*idem, ibidem*).

Para Gramsci, toda investigação histórica deveria recorrer a essa dupla medida, da história da burguesia e das classes subalternas, o que não acontecia para o caso da historiografia italiana desde o tempo de Maquiavel, e tivera por consequência profundos enganos e dificuldades. "Do ponto de vista de uma história da cultura", afirmava, os intelectuais italianos foram historicamente incapazes de formular seriamente sobre uma "tradição nacional", já que para isso precisariam pensar a si mesmos, "genialidades individuais", como ativamente

---

1   Parágrafo reescrito, posteriormente, no *Caderno 25 – Nas margens da história (história dos grupos sociais subalternos).*

POLÍTICA E LITERATURA   157

incorporados, ou seja, integrados "politicamente e socialmente, na nação" da qual tinham origem (Q. 3, §116, p. 384).

Da mesma forma, a história da literatura italiana deveria ser examinada "do ponto de vista da história da cultura", na qual a explicação sobre ausência de uma literatura nacional, por exemplo, deveria ser intimamente vinculada ao estudo das

> necessidades mais profundas e elementares, porque a literatura existente, salvo exceções, não é ligada à vida nacional-popular, mas aos grupos restritos que da vida nacional não são, senão, moscas varejeiras (Q. 23, §57, p. 2252).

Faltava aos intelectuais e dirigentes democráticos do *Risorgimento* a compreensão de que a necessária reconstrução histórica dos aspectos da "vida íntima" da península deveria levar em conta a própria organização da cultura e dos grupos que a representavam, ao longo dos tempos. Seria necessária a compreensão, nas palavras de Gramsci, de que a história da cultura é mais ampla que a "história literária", uma investigação capaz de reconhecer a contribuição dos "florescimentos da cultura popular" e não apenas da cultura intelectualista (Q. 4, §3, p. 424). A história da cultura como proposta por Gramsci levava em conta, dessa forma, a ideia de uma "gramática histórica", "que não poderia não ser comparada". Era necessária uma investigação que levasse em conta, além disso, o fato linguístico, assim como os demais fatos históricos, extrapolando seus limites nacionais; que considerasse que "a história é sempre história mundial, em que as histórias particulares vivem apenas no quadro da história mundial" (Q. 29, §2, p. 2343).

158   DANIELA MUSSI

Em alguns comentários nos *Cadernos* sobre as cartas do intelectual *risorgimentale* Ruggero Bonghi (1826-1895),[2] intituladas "Por que a literatura italiana não é popular na Itália?", Gramsci afirmou que essa indagação se convertera em "documento" histórico de um problema posto e não resolvido na Itália ao longo do *Risorgimento:* "o que significa o fato de que os italianos dão sua preferência aos escritores estrangeiros? (...) que não existe na Itália um bloco nacional e moral" (Q. 3, §63, p. 344). Os intelectuais italianos, ainda que pudessem formular os problemas da formação de uma Itália moderna, especialmente livre do domínio clerical, mantinham um sentido de destacamento em relação às massas populares, um sentimento de "diferenciação [dos intelectuais] em um ambiente primitivo" (Q. 4, §65, p. 508; cf. Q. 14, §14). Os ideais do pensamento liberal e democrático italiano, difundidos entre os intelectuais que compunham a ala moderada e a ala esquerda do *Risorgimento*, resultavam igualmente em uma indiferença em relação à miséria das massas agrícolas italianas, e confluíam em um programa político "sem fins concretos e definidos, mas em um estado de ânimo vago e oscilante que se apagava em uma fórmula vazia" (Q. 6, §158, p. 813).

---

2   Em 1855, Bonghi escreveu algumas "cartas críticas" sobre o tema de *Perchè la letteratura italiana non sia popolare in Italia* [Por que a literatura italiana não é popular na Itália]. Publicadas em 1856 na revista *Spettatore*, as cartas apresentavam o problema literário da península através da questão sobre a ausência de difusão da literatura nacional na Itália que se unificava. Mais tarde, ao se deparar com a *Storia della letteratura italiana* de De Sanctis, Bonghi viu suas preocupações desenvolvidas por aquele que considerou "o primeiro crítico italiano, pela virtude de saber sentir e expressar a vida de uma ideia e de uma situação poética, conseguindo refazer dentro de si e ensinar aos outros o caminho da mente e da alma de um poeta" (MAZZONI, 1949, p. 1132). Em sua *Storia*, De Sanctis conseguira "ilustrar um tema singular em qualquer lugar nas suas relações com uma situação cultural e política e colocar o fato artístico em uma linha evolutiva mais ou menos explícita de acontecimentos organicamente ordenados" (SAPEGNO, 1992, p. 185).

Em seus escritos carcerários, Gramsci valorizou a ideia de que a relação entre política e literatura como duas "superestruturas equivalentes e traduzíveis reciprocamente" já existia, pelo menos, desde a Revolução Francesa, e que por isso a atividade "crítica se convertera em consciência do século XIX" (Q. 8, §208, p. 1067). A crítica deveria estabelecer com a obra de arte a mesma relação que a filosofia estabelecera com a natureza; também a crítica deveria possuir sua "história natural, sua anatomia, sua fisiologia, sua física e sua metafísica" (DE SANCTIS, 1974, p. 307). A atividade crítica, afinal, representava a própria fisionomia do século XIX, responsável pela "renovação de todos os juízos, pela modificação de todas as impressões, de elevação da cultura geral" (*idem, ibidem*).

A equivocada oposição entre literatura e política era como a oposição entre história e anti-história, ou seja, a pressuposição do antagonismo entre o que é "arbitrário" e o que é "necessário", ou ainda entre "reforma" e "revolução", "liberdade" e "necessidade" (Q. 8, §210, p. 1068). Essa era a oposição que os intelectuais liberais e democráticos do *Risorgimento* estabeleciam abstratamente entre si, como "choque entre liberalismo e democracia, entre reformismo e revolução" (MONDOLFO, 1942, p. 71-72). Esta oposição abstrata entre liberais e democráticos fortalecia, ironicamente, a posição dos intelectuais mais conservadores do período da unificação, os católicos, *antirrisorgimentali*. De Sanctis, ao falar sobre um desses intelectuais, o padre Bresciani (1798-1862),[3] em um ensaio publicado no periódico *Il Cimento* em 1855, indagava:

---

3   Em uma carta de 7 de abril de 1930, Gramsci escreveu sobre o que chamou "brescianismo": "uma tradição [católico-literária] essencialmente sectária", para a qual "todos os patriotas eram canalhas, vilões, assassinos etc., enquanto os defensores do trono e do altar, como então se dizia, eram todos anjos na Terra com algum milagre para mostrar" (LC, p. 335-336). Nos *Cadernos*, a discussão sobre o "brescianismo" como corrente cultural italiana ganhou vários parágrafos, especialmente no *Caderno 21*.

> A revolução, ele [padre Bresciani] estudou pelas praças, nas vulgaridades, nos cafés, nos jornais, nas salas dos ociosos. E quem faz a revolução? (...) Nós respondemos: Uma revolução é geral, uma revolução europeia não foi feita pelas sociedades secretas, (...) [a revolução] foi feita pela consciência desperta de um povo que vocês foram forçados a fracionar, sem poder impedir o sentimento de unidade. (...) Mas essa não é vossa opinião, que pensam que a revolução foi feita pela ausência de religião, pelo desapego aos princípios (...), pela falsa liberdade (DE SANCTIS, 1974, p. 10-11)

Diferentemente de Bresciani, De Sanctis "queria que a 'literatura' se renovasse porque os italianos já estavam renovados, porque desaparecera a separação entre literatura e vida" (Q. 6, §44, p. 721). Dessa maneira, Gramsci percebia no crítico alguém que – apesar de marcado pelo forte sentimento antijacobino da época – buscava se distinguir da "Itália literária", dominada por polêmicas artificiais, resultado do "preconceito retórico de que a nação italiana tenha sempre existido", típico do pensamento democrático (Q. 14, §14, p. 1669; cf. Q. 21, §1, p. 2108). Ao mesmo tempo, a crítica desanctisiana se recusava à contraposição realizada pelos liberais entre uma "Itália literária" e uma "Itália primitiva": era fundamental estabelecer como marco do debate cultural a relação (problemática) entre intelectuais e população na concreta formação do Estado italiano moderno no século XIX.

Afinal de contas, Benedetto Croce tinha razão em um aspecto de sua valorização do pensamento de De Sanctis: diferentemente das principais correntes intelectuais do *Risorgimento*, para a visão histórica que orientava o pensamento desanctisiano não existia a ideia de um progresso linear, mas de uma totalidade cultural original que se fragmenta, transforma-se, e que volta a se reunir. Forma e conteúdo, integrados em determinada obra literária, podem ser dispersos na e pela história e fundir-se novamente, sobre outra forma representativa, em momento histórico posterior (WELLEK, 1967, p. 111).

Ao estabelecer diálogo com essas ideias, porém, Gramsci assumiu a literatura como fenômeno conectivo/dispersivo entre elemento artístico e popular, e isso o levava a realizar uma pesquisa sobre por que determinada literatura "é lida, é popular, é pesquisada" (Q. 3, §151, p. 405). Diferentemente de Croce, portanto, a partir de um método investigativo não estritamente literário, a pesquisa de Gramsci possuía um foco "democrático", no leitor, e buscava superar a "crítica artística" que visava apenas "fixar por que um livro é 'belo'" (*idem, ibidem*). A leitura que Gramsci fazia do papel da crítica literária assumia contornos distintos do "sistema" filosófico crociano, com uma interpretação alternativa da crítica literária desanctisiana. Gramsci via em De Sanctis a ideia do artista como alguém que participa da história em geral, e não apenas no nível da fantasia e da imaginação. A produção artística é "inconsciente", mas não no sentido de se opor à racionalidade, ao conteúdo ou às ciências do mundo, e sim na medida em que absorve as ideias e as transforma numa organicidade própria, em "ato de vida" artisticamente real (GUGLIELMI, 1976, p. 25). A "consciência", que falta ao artista, por sua vez deveria ser justamente o que anima uma segunda atividade, a da crítica. Nesse sentido, De Sanctis conferia um sentido unitário profundo ao trabalho do artista e do crítico, sentido este que só se tornaria possível em função daquilo que é complexo na sociedade e na história moderna.

Em sua crítica, De Sanctis discutira com frequência sobre a obra de arte como um "mundo" especial e suas personagens em termos do conflito entre o ideal e o real, o característico e o geral, a imagem e o fantasma. Esse conflito nunca era, porém, uma separação entre os termos: o ideal abstrato, "ideal impuro, perfeito e morto", abria espaço para o ideal capaz de fundir-se e interpenetrar-se com o real (WELLEK,

1967, p. 100). A *poética*, por sua vez, ainda que "inestética", ganharia importância como índice da tensão entre forma e conteúdo, de um estado de separação e incompletude histórica, que origina a razão de ser da atividade do crítico.

Sob essa concepção, a crítica, por sua vez, passava a ser concebida não mais como técnica ou filosofia da arte, forma pronta e acabada de classificação estética. Somente em um novo sentido caberia pensar a história (da ausência) do Romantismo na Itália, (a ausência) de uma literatura popular italiana, ou ainda a questão da língua nacional na península. Para Gramsci, também, esses fenômenos deveriam ser compreendidos como "especial relação ou ligação entre intelectuais e povo em uma nação, ou seja, um reflexo particular da 'democracia' – em sentido amplo", na cultura (Q. 14, §72, p. 1739). A história literária era compreendida, nesse caso, "como parte e aspecto de uma mais vasta história da cultura" (*idem, ibidem*, p. 1740). Mais ampla do que uma história literária, uma história da cultura compreenderia os fenômenos artísticos como "aproximados da atividade política", parte de uma "política cultural" (Q. 23, §7, p. 2193).

O "retorno" a De Sanctis proposto por Gramsci[4] significava, portanto, a construção de parâmetros para uma atividade de crítica

---

4   Foi com esse objetivo que Gramsci se referiu a um conhecido discurso de abertura do ano escolar 1872-1873 da Universidade de Nápoles, redigido e proferido por De Sanctis (Q. 23, §8, p. 2198). O discurso, intitulado "La Scienza e la Vita", fora escrito no tempo de adesão majoritária e acrítica dos intelectuais italianos ao positivismo, e se posicionava frontalmente contra o doutrinarismo e contra a deformação "intelectualista" da ciência, então profundamente separada da vida. De Sanctis valorizou, por exemplo, a obra de Emile Zola, autor identificado com o romance naturalista, por sua objetividade e olhar realista sobre o Segundo Império francês, embora tenha criticado duramente a expansão do naturalismo e do positivismo. O crítico irpino via negativamente o "animalismo", o culto da força e as usurpações da ciência, como fica evidente no texto de 1872-1873 citado. O realismo

POLÍTICA E LITERATURA   163

literária concebida como crítica da cultura e, assim, como parte de uma história da cultura e da política. Para tal, uma temática fundamental ao pensamento de De Sanctis foi recuperada por Gramsci: a da defesa da necessidade de projetar uma nova sincronia entre ciência e vida, a humanização da ciência e a revalorização da consciência, o reencontro entre pensamento e vida, entre liberdade e limite.[5] Esse seria, ao mesmo tempo, o reencontro do sentimento com a imaginação, e desta com a inteligência.

Gramsci convertia a temática desanctisiana no tema da superação da separação entre dirigentes (homem de intelecto) e dirigidos (homem de compaixão), mantida pelo sistema de pensamento positivista e idealista. Para tal conversão, Gramsci aproveitou uma ideia de Croce sobre o pensamento de De Sanctis: a da identidade entre os dois termos, intelectuais e povo, em algum nível. Essa ideia era o que permitia, ainda que potencialmente, o conhecimento e a busca recíproca de conteúdo entre os termos.

"Todos os homens são filósofos", "todos os homens são intelectuais, melhor dizendo, mas nem todos os homens possuem na sociedade a função de intelectuais" (Q. 11, §204, p. 1063; Q. 11, §12, p. 1375; Q. 12, §1, p. 1516). A partir do desenvolvimento da ideia de Croce sobre a diferença de extensão entre filósofos e povo, emergia para Gramsci a necessidade de uma nova teoria e prática crítica que considerassem a

---

desanctisiano se pretendia, na verdade, "um antídoto para uma raça fantástica, dada às frases e à pompa, educada na Arcádia e na retórica" (WELLEK, 1967, p. 111). Em seu discurso de 1872-1873, o crítico perguntava "à ciência": "Que coisas podes fazer? Conheces verdadeiramente o poder? A ciência é dessa vida, toda a vida? Podes modificar o curso da corrosão, da dissolução, renovar o sangue, excluir os ânimos? A nação 'ressurge' para a ciência, mas pode a ciência realizar esse milagre?" (DE SANCTIS, 1961, p. 1044).

5   Para De Sanctis, a "ciência é a vida que se reflete no cérebro, é o produto da mesma matéria; e se a vida é fraca, a ciência é fraca" (DE SANCTIS, 1961, p. 1063).

164 DANIELA MUSSI

existência de um material anterior à literatura, que se torna literatura, sendo que qualquer material poderia tornar-se literário: "não se trata de introduzir *ex-novo* uma ciência na vida individual de 'todos', mas de inovar e tornar 'crítica' uma atividade já existente" (Q. 8, §220, p. 1080; Q. 11, §, p. 1383). Nesse sentido, aquilo que é considerado "feio", contraditório e conflituoso não só poderia ser assunto para a literatura, como seria preferível, pois o "belo não é senão ele mesmo, enquanto o feio é ele mesmo e o seu contrário" (DE SANCTIS, 1973, p. 225). O conflito e a contradição passavam a ser parte necessária da natureza literária, e sua representação impediria a "cristalização das contradições", tanto na natureza como na literatura; o "feio" deveria possuir, portanto, o mesmo "direito" que o "belo" na criação artística (*idem, ibidem*, p. 224).

Em seus escritos carcerários, Gramsci foi além e, em junho de 1930, traduziu nos *Cadernos* o "direito do feio na literatura", retirando do campo estritamente literário os critérios que definiriam uma história das classes subalternas:

> Uma história das classes subalternas é necessariamente desregrada e episódica: existe na atividade dessas classes uma tendência à unificação, ainda que em plano provisório, mas essa é a parte menos aparente e que se mostra apenas quando a vitória é alcançada. As classes subalternas sofrem a iniciativa da classe dominante, mesmo quando se rebelam; estão em estado de defesa alarmada. De qualquer forma, a monografia é a forma mais apta dessa história, que exige acúmulo muito grande de materiais parciais (Q. 3, §14, p. 299-300).

Uma história das classes subalternas seria, necessariamente, uma "história de si mesma e do seu contrário", ou seja, uma narrativa do belo e do feio, sobre a desagregação e o caráter episódico da vida dessas

POLÍTICA E LITERATURA   165

classes e do esforço por se unificarem em um momento mais alto, como nova classe dirigente e dominante. Posteriormente, entre fevereiro e agosto de 1934, Gramsci refinou essa observação metodológica ao reelaborar o parágrafo já citado do *Caderno 3*, "História das classes subalternas",[6] em um novo texto, agora no *Caderno 25 – Nas margens da história (história dos grupos sociais subalternos)*, intitulado "Critérios metodológicos". A nova versão trazia a ideia de que

> a unidade histórica das classes dirigentes se dá no Estado e a história deste é essencialmente a história dos Estados e dos grupos de Estados. (…) A unidade histórica fundamental, pela sua concretude, é resultado das relações orgânicas entre Estado, ou sociedade política, e "sociedade civil". As classes subalternas, por definição, não estão unificadas e não podem se unificar enquanto não se tornarem "Estado": a sua história, portanto, se confunde com a da sociedade civil, é uma função "desregrada" e descontínua da história da sociedade civil e, por isso, da história dos Estados ou grupos de Estados (Q. 25, §5, p. 2287-2288).

A história das classes subalternas e das classes dirigentes, do povo e dos intelectuais, do feio e do belo, encontrava na formulação de Gramsci sua distinção na relação dessas classes com o Estado, ou seja, na política. Esse critério explicaria, para as classes subalternas, as origens do desregramento e da descontinuidade de sua história. O exemplo gramsciano era o da própria realidade italiana no contexto de sua unificação nacional. Para compreendê-la,

---

6   O parágrafo "A" que deu origem à nota do *Caderno 25* foi escrito em agosto de 1930 (Q. 3, §90, p. 373).

> muitos cânones de pesquisa histórica podem ser construídos a partir do exame das relações das forças inovadoras italianas que orientaram o *Risorgimento* nacional: estas forças tomaram o poder, foram unificadas no Estado moderno italiano, lutando contra forças determinadas e ajudadas por forças auxiliares ou aliadas; para se tornar Estado deveriam subordinar ou eliminar as primeiras e obter o consenso ativo ou passivo das segundas. O estudo do desenvolvimento dessas forças inovadoras, de grupos subalternos a grupos dirigentes e dominantes deve, portanto, pesquisar e identificar as fases através das quais elas adquiriram autonomia no confronto com os inimigos e a adesão dos grupos que as ajudaram passivamente ou ativamente, na medida em que todo esse processo foi necessário historicamente para que se unificassem no Estado (Q. 25, §5, p. 2289).

Gramsci partia de uma constatação comum entre os intelectuais *risorgimentali* – a pouca popularidade da literatura italiana na Itália – para realizar um juízo histórico sobre a cultura da península e sua posição no continente europeu. Na Itália, "o passado não vive no presente, não é elemento essencial do presente, ou seja, na história da cultura nacional não existe continuidade e unidade". A afirmação de uma continuidade e unidade, do encontro da nação italiana com uma vida literária renovada e influente, nesse caso, "era apenas uma afirmação retórica, com valor de mera propaganda sugestiva, um ato prático, que tende a criar artificialmente aquilo que não existe, não é uma realidade em ato" (Q. 23, §57, p. 2251). Se o passado não se convertia em elemento de vida, isso significava apenas que o sentimento nacional era recente, "em vias de formação", e isso reafirmava o caráter tradicionalmente "cosmopolítico", não nacional, da intelectualidade e vida cultural italianas.

POLÍTICA E LITERATURA 167

O marxista percebia que esse conflito da separação entre intelectuais e povo se mantinha nas primeiras décadas do século xx, assim como a subordinação da Itália à hegemonia intelectual e moral estrangeira. Mais do que isso, sob o fascismo, quanto mais "repressiva e nacionalista" se tornava sua realidade política e econômica, menos suas classes dirigentes e seus intelectuais eram capazes de perceber que se encontravam sob os efeitos de uma hegemonia cultural que eram incapazes de reverter (Q. 23, §57, p. 2253):

> Se for verdade que cada século ou fração de século possui sua literatura, não é sempre verdadeiro que esta literatura seja produzida na mesma comunidade nacional. Cada povo possui sua literatura, mas essa pode vir de outro povo, isto é, o povo na palavra pode ser subordinado à hegemonia intelectual e moral de outros povos. É próprio este o paradoxo mais estridente para muitas tendências monopolistas de caráter nacionalista e repressivo: que enquanto constroem para si planos grandiosos de hegemonia, não se percebem como objeto de hegemonia estrangeira; assim como, enquanto fazem planos imperialistas, na verdade são objetos de outros imperialismos etc. No entanto, não se sabe se o centro político dirigente não compreenda bem a situação de fato e procure superá-la: é certo, porém, que os literatos, neste caso, não ajudam o centro dirigente político nesse esforço, e seus cérebros vazios se obstinam na exaltação nacionalista justamente para não sentir o peso da hegemonia da qual dependem e sob a qual são oprimidos (*idem, ibidem*).

Para o caso da literatura, o antídoto para a dependência estava na "recuperação do momento artístico" através do desenvolvimento da crítica militante, não "friamente" estética, própria de um período de lutas culturais pela unidade italiana, de contrastes entre concepções de mundo antagônicas (cf. Q. 23, §3). A crítica artística deveria ser coordenada pela luta cultural, e por isso Gramsci pensou em um crítico literário que fosse, ao mesmo tempo, um "homem de partido", cujas sólidas convicções morais e políticas orientavam a totalidade de sua reflexão intelectual. Nesse sentido, De Sanctis e Croce estavam em lados opostos: se em De Sanctis existia a paixão e o fervor das lutas pela unidade nacional, isso foi substituído em Croce pela serenidade superior de quem "dita" a literatura, posição constantemente ameaçada pelas crises do caráter politicamente regressivo ao qual esse triunfalismo cultural foi aos poucos sendo combinado.

Gramsci buscou em De Sanctis a crítica do cosmopolitismo da cultura italiana, crítica do Renascimento como momento no qual necessária e irreversivelmente "a cultura foi separada da educação" (DE SANCTIS, 1998, p. 78). Contra a distância da história (da "coisa efetiva") que definia os intelectuais no Renascimento, o desenvolvimento da cultura italiana deveria ser visto como, ao mesmo tempo, regressivo e progressivo. O homem medieval, "robusto de sentimento e imaginação, vivendo pleno em sua liberdade e paixões" específicas, cedia espaço para a formação de uma consciência para a qual a liberdade era imposta e não aceita, uma consciência que ansiava por liberdade, beleza etc. (*idem, ibidem*, p. 105).

Era uma consciência, entretanto, para a qual a forma era um "*a priori* da técnica", uma mecânica literária (GUGLIELMI, 1976, p. 41-42). Essa era a dimensão histórica ou "situacional", valorizada e traduzida para o século XIX por De Sanctis, exigindo do *Risorgimento* que assumisse uma vitalidade condizente com a superação daquela tradição cosmopolita do Renascimento: "estamos em tempos de transições e de transformações", dizia De Sanctis para a Itália de 1877, e "tempos de transições e de novas elaborações surgem quando o real e o ideal estão separados, ou melhor, se contradizem" (DE SANCTIS, 1998, p. 89-107).

Não caberia ao universo da crítica (o real) dissolver o universo poético (o ideal), e vice-versa, mas construir com este uma unidade transformada em razão, em consciência de si própria. A crítica, nesse sentido, era também uma concepção poética, vista de outro ângulo: a criação repensada ou refletida. A fusão da crítica com a poesia não era, senão, o realismo evocado por De Sanctis:

> O mérito do realismo é dar ao homem um exato conhecimento de suas origens, de seu ambiente, de suas forças, de seus meios e da sua missão nesta terra. O homem deve se acostumar a não desejar senão aquilo que pode conseguir, a não colocar sua mira onde não pode alcançar, a estudar suas forças e os seus meios, e proporcionar os seus fins (DE SANCTIS, 1998, p. 122).

Para Gramsci, o argumento sobre o "moralismo na arte" usado por Croce, como crítica ao "conteúdo externo à arte" e separação entre história da cultura e história da literatura, era incapaz de perceber que a literatura é sempre ligada ao desenvolvimento histórico-político de determinada cultura ou civilização e que, ao lutar para reformar a cultura, o "conteúdo" da arte se transforma, ou seja, se trabalha para

> criar uma nova arte, não a partir de fora (como arte didática, de teses, moralista), mas a partir do interior, por que o homem todo é modificado quando são modificados os seus sentimentos, as suas concepções e relações das quais o homem é expressão necessária (Q. 21, §1, p. 2109).

Nesse sentido, o "moralismo" do qual Croce acusava os intelectuais do período *risorgimentale* e do qual pretendia "corrigir" De Sanctis era, para Gramsci, uma forma da consciência da relação problemática entre a reforma da cultura e literatura na Itália, que aparecia em Croce tal como entre os intelectuais do século XIX, preocupados com o problema da língua, de ausência de literatura popular etc. (Q. 14, §14, p. 1669).

Gramsci percebeu que a preocupação de Croce se afastara, ao longo dos anos e especialmente depois de 1917, de um critério democrático, que este buscara eliminar progressivamente de sua interpretação sobre De Sanctis "a atmosfera cultural propícia a uma concepção mais realista da ciência e da arte política". "Mas não é também a reação [de Croce] um ato construtivo de vontade? Não é um ato voluntário a conservação?", indagava Gramsci (*idem, ibidem*). Com isso, o marxista procurava mostrar que o julgamento de Croce, bem como sua filosofia, era consequência de um ato de vontade, de uma "utopia" de "conservar o existente e impedir o surgimento de organização de forças novas que atrapalhariam e subverteriam o equilíbrio tradicional" (Q. 6, §86, p. 762).

Croce se convertera, para usar um termo desanctisiano, em um "homem de Guicciardini",[7] e sua história ético-política uma tradução da fórmula guicciardiana da conservação da vida do Estado: "armas e religião" (Q. 6, §87, p. 762-763). Assim como o historiador florentino, Croce possuía uma concepção política do Renascimento/ *Risorgimento* para a qual "a religião era o consenso e a Igreja a sociedade civil, aparato de hegemonia do grupo dirigente que não tinha um aparato próprio, ou seja, não possuía uma organização cultural e intelectual própria" (*idem, ibidem*). A interpretação que Gramsci

---

7   Gerratana deu uma boa definição sobre a diferença entre Croce e De Sanctis: "onde De Sanctis diz que não basta ser artista, é preciso ser homem, Croce se limita a observar: é artista, então é homem" (GERRATANA, 1952, p. 502).

tinha do pensamento de De Sanctis, diferentemente, buscava filiá-lo ao pensamento de Maquiavel, como alguém que falava de uma fratura entre ciência e vida ao mesmo tempo em que colocava a exigência de reencontrar a ligação entre cultura e vida nacional, entre intelectuais e povo (GERRATANA, 1952, p. 504).

A unidade/distinção entre intelectuais e povo, ciência e vida, na filosofia crociana era assumida como um fato dado e não poderia ser pensada como um problema ou como um programa de ação (*idem*, p. 503). A vida intelectual para Gramsci, por outro lado, não era o resultado do pensamento deste ou daquele indivíduo, mas uma produção ativa, contínua do cérebro coletivo que se chama povo, produção impregnada de todos os elementos, forças e interesses da vida; neste cérebro ela deveria procurar sua legitimidade, a sua base de operação. Nesse caso, a relação de unidade/distinção entre intelectuais e povo era vista não como fato, mas como um problema histórico:

> A filosofia de uma época histórica não é a filosofia de um ou de outro filósofo, de um ou de outro grupo de intelectuais, de uma ou de outra parte das massas populares: é a combinação de todos esses elementos, que culmina em uma determinada direção, no qual o seu culminar se torna norma de ação coletiva, isto é, se torna história. A filosofia de uma época histórica não é senão a "história" dessa mesma época (…) história e filosofia são incindíveis neste sentido, formam um "bloco" (Q. 10, §17, p. 1255).

A literatura italiana era, para Gramsci, *parte intrínseca* de uma história italiana, "massa de variações que o grupo dirigente precisa determinar da realidade precedente", com a qual estabelecia uma relação dialética (Q. 10, §17, p. 1255). O pensamento de De Sanctis sob a interpretação gramsciana era aquele que expunha uma relação entre ideal e real, espontaneidade e consciência, qualidade e quantidade, para afirmar a necessidade da fusão entre essas duas dimensões da vida intelectual. Essa era natureza da atividade de tradução entre ciência e vida, e também entre crítica artística e crítica política (cf. Q. 23, §3). Nos escritos carcerários sobre crítica literária, Gramsci apresentou uma definição importante e complexa dessa tradução: a crítica artística era concebida como diferente da descrição do que a arte representa socialmente ou, ainda, das características de determinado contexto histórico-social. Se tal descrição poderia ser útil no campo da luta dos costumes, poderia facilmente estagnar os conceitos de crítica e história da arte, bloqueando a luta cultural. Em uma carta do cárcere de março de 1930, Gramsci compartilhou seu modelo de crítica:

> É preciso, na minha opinião, ser sempre muito prático e concreto, não sonhar de olhos abertos, mas colocar--se fins discretos, alcançáveis e pensá-los nas condições em que podem ser realizados; é preciso, então, possuir uma perfeita consciência dos próprios limites, se se quer alargá-los, aprofundá-los (LC, p. 330).

A crítica literária deveria ser, nesse caso, parte de uma crítica concreta do presente, a definição de um "limite do ideal", ou seja, um programa de ação profundamente crítico das limitações das classes subalternas. A crítica literária que Gramsci desenvolveu era, portanto, parte da reforma intelectual e moral do povo italiano, conduzida "de baixo". Essa crítica deveria apontar, sempre, para a formação de novas camadas intelectuais, críticas de sua realidade e criativas para pensar e realizar uma cultura nova.

Referências bibliográficas

ANGLANI, Bartolo. *Egemonia e poesia: Gramsci, l'arte e la letteratura*. Lecce: Piero Marini, 1999.

———. *Solitudine di Gramsci: politica e poetica del carcere*. Roma: Donzelli, 2007.

ARICÒ, José. "Il ruolo degli intelletuali argentini nella diffusione di Gramsci in America Latina". In: RIGHI, M. L. (org.). *Gramsci nel mondo: Atti del convegno internazionale di studi gramsciani*. Fondazione Istituto Gramsci, 1995 [1989].

ASOR ROSA, Alberto. *Scrittori e Popolo: il populismo nella letteratura italiana contemporanea*. Turim: G. Einaudi, 1988.

———. "Intelectuais". In: *Enciclopédia Einaudi*, vol. 22. Lisboa: Imprensa Nacional-Casa da Moeda, 1996.

BADALONI, Nicola; MUSCETTA, Carlo. *Labriola, Croce, Gentile*. Roma-Bari: Laterza, 1990.

BALBO, Cesare. *Della monarchia rappresentativa in Italia*. Firenze: Felice le Monnier, 1857.

BARATTA, Giorgio. *As rosas e os cadernos: o pensamento dialógico de Antonio Gramsci*. Rio de Janeiro: DP&A, 2004.

BARBUTO, Gennaro M. *Ambivalenze del moderno: De Sanctis e le tradizioni politiche italiane*. Napoli: Liguori Editore, 2000.

BECCARIA, Cesare. *Dos delitos e das penas*. São Paulo: Martins Fontes, 2005.

BEIRED, José Luís B. "A função social dos intelectuais". In: AGGIO, A. (org.). *Gramsci: a vitalidade de um pensamento*. São Paulo: Editora Unesp, 1998.

BIANCHI, Alvaro. *O laboratório de Gramsci: filosofia, história e política*. São Paulo: Alameda, 2008.

_____. "Democracia e revolução em Marx e Engels (1847-1850)". *Revista Outubro*, n. 16, p. 111-143, 2007.

_____. "Dossiê: Gramsci e a política". *Revista Sociologia e Política*, n. 29, p. 7-13, 2007.

_____. "Gramsci in Brasile". In: KANOUSSI, D.; SCHIRRU, G; VACCA, G. (orgs.) *Studi gramsciani nel mondo: Gramsci in America Latina*. Bologna: Mulino, 2011.

BOOTHMAN, Derek. "The sources for Gramsci's concept of hegemony". *Rethinking Marxism*, vol. 20, n. 2, 2008.

BRANCA, Vittore. "Realismo desanctisiano e tradizione narrativa". In: CUOMO, G. (org.). *De Sanctis e Il realismo*. Napoli: Giannini Editore, 1978.

BRAUDEL, Fernand. *O modelo italiano*. São Paulo: Companhia das Letras, 2007.

BUCI-GLUCKSMANN, Christine. *Gramsci e o Estado*. Rio de Janeiro: Paz e Terra, 1980.

BURCKHARDT, Jacob. *A cultura do Renascimento na Itália*. São Paulo: Companhia das Letras, 2009.

BURKE, Edmund. "Reflections on the Revolution in France". In: *Select Works of Edmund Burke*, vol. 2. Indianapolis: Liberty Fund, 1999.

BUTTIGIEG, Joseph A. "After Gramsci". *The Journal of the Midwest Modern Language Association*, vol. 24, n. 1, p. 87-99, 1991.

_____. "The examplary Worldliness of Antonio Gramsci's Literary Criticism". *Boundary 2*, vol. 11, n. 1/2, p. 21-39, 1982-1983.

_____. "Gramsci's method". *Boundary 2*, vol. 17, n. 2, p. 60-81, 1990.

_____. "Regresar a De Sanctis/Regresar a Gramsci". In: Kanoussi, Dora (orgs.). *Gramsci en América*: II Conferencia Internacional de Estudios Gramscianos. Cidade do México: Plaza y Valdés, 2000, p. 229-42.

BRUNETIERE, Fernando. *El caracter esencial de la literatura francesa*. Buenos Aires: Espasa, 1947.

CANTÙ, Cesare; CARLETTI, Mario. *Tre discorsi sulla storia universale*. Firenze: Giuseppe Mariani, 1835.

CHABOD, Federico. *Escritos sobre el Renacimiento*. Cidade do México: Fondo del Cultura Económica, 1990.

CHIARANTE, Giuseppe. "Gramsci fra tradizione e attualità". *Crítica Marxista*, n. 3-4, p. 103-12, 1988.

178 DANIELA MUSSI

CICERONE, Marco Tulio. *Dei doveri: a cura di Dario Arfelli; testo originale a fronte.* Roma: Mondadori, 1994.

COUTINHO, Carlos Nelson. *Lukács, Proust e Kafka: literatura e sociedade no século XX.* Rio de Janeiro: Civilização Brasileira, 2005.

_____. "La recezione di Gramsci in Brasile". In: RIGHI, M. L. (org.). *Gramsci nel mondo: Atti del convegno internazionale di studi gramsciani.* Fondazione Istituto Gramsci, 1995 [1989].

COSPITO, Giuseppe. "Egemonia". In: *Parole di Gramsci.* Roma: Carocci, 2004.

CROCE, Benedetto. *Breviario di estetica: aesthetica in nuce.* Milano; Adelphi, 2007.

_____. *Scritti e discorsi politici* (1943-1947). Bari: Laterza, 1973.

_____. *Cultura e vita morale: intermezzi polemici.* Napoli: Bibliopolis, 1993.

_____. *Estetica:* come scienza dell'espressione e linguistica generale. Bari: Laterza, 1965.

_____. *La poesia.* Milano: Adelphi, 1994.

_____. *Filosofia, poesia, storia.* Milano/Napoli: Riccardo Ricciardi, 1952.

_____. *Storia d'Itália: dal 1871 al 1915.* Bari: Laterza, 1962.

_____. *Materialismo storico ed economia marxistica.* Bari: Laterza, 1927.

CUOCO, Vincenzo. *Saggio storico sulla rivoluzione di Napoli.* Milano: Rizzoli, 1999.

DARNTON, Robert. *The business of enlightenment: a publishing history of the Encyclopédie, 1775-1800.* Cambridge: Belknap, 1979.

DEL ROIO, Marcos. *Os prismas de Gramsci: a fórmula da política da frente única (1919-1926).* São Paulo: Xamã, 2005.

DE SANCTIS, Francesco. *La democrazia ideale e reale.* Napoli: Alfredo Guida, 1998.

_____. *La letteratura italiana nel secolo XIX: scuola liberale – scuola democratica.* Roma: Vecchiarell (edizione anastatica dell'ed. A. Morano 1897).

_____. *Il secondo ottocento: lo stato unitario e l'età del positivismo.* MUSCETTA, Carlo (org.). Roma: Laterza, 1978.

_____. *Storia della letteratura italiana.* Torino: UTET, 1973.

_____. *Saggi.* Torino: UTET, 1974.

_____. "La scienza e la vita". In: *Francesco De Sanctis: Opere.* Milano-Napoli: Ricardo Ricciardi, 1961.

DIAS, Edmundo Fernandes. "Do giolitismo à guerra mundial". *Textos Didáticos*, n. 39, IFCH/Unicamp, out. 2004.

_____ (org.). *O outro Gramsci.* São Paulo: Xamã, 1996.

_____ *Gramsci em Turim.* São Paulo: Xamã, 2000.

DIDIER, Coste. "Archéologie du comparatisme europeen". *Acta Fabula*, vol. 6, n. 2, 2005.

D'ORSI, Angelo. "Egemonia. Uma parola controversa" In: D'ORSI, A. (org.). *Egemonie.* Napoli: Dante & Descarte, 2008.

FRANCESE, Joseph. Thoughts on Gramsci's Need "To Do Something 'Für Ewig'". *Rethinking Marxism*, vol. 21, n. 1, 2009.

FRANCIONI, Gianni. *L'Officina Gramsciana*. Napoli: Bibliopolis, 1984.

FROSINI, Fabio. *Gramsci e la filosofia: saggio sui Quaderni del Carcere*. Roma: Carocci, 2003.

_____. "Introduzione" a GRAMSCI, Antonio. *Filosofia e politica. Antologia dei "Quaderni del carcere"*. Scandicci: La Nuova Italia, 1997.

_____. "Realtà, scrittura, metodo: considerazioni preliminari a una nuova lettura dei 'Quaderni del carcere'". In: COSPITO, G. (ed.). *Gramsci tra filologia e storiografia*. Scritti per Gianni Francioni. Napoli: Bibliopolis, 2011.

GARIN, Eugenio. *Intelletuali italiani del XX secolo*. Roma: Riuniti, 1974.

GENTILE, Giovanni. *Memorie italiane e problemi della filosofia e della vita*. Firenze: G. C. Sansoni, 1936.

GERRATANA, Valentino. "De Sanctis-Croce o De Sanctis-Gramsci? (Appunti per una polemica)". *Società*, n. 3, p. 497-512, 1952.

_____. "Stalin, Lenin e o marxismo-leninismo". In: *História do Marxismo*, vol. 9. Rio de Janeiro: Paz e Terra, 1989.

GILBERT, Felix. *Machiavelli e Guicciardini: pensiero politico e storiografia a Firenze nel Cinquecento*. Torino: Einaudi, 1970.

GIOBERTI, Vincenzo. "Del primato morale e civile degli italiani". In: *Opere*, Tomo II. Losanna: S. Bonamici e Compagnia, 1846.

GRAMSCI, Antonio. *Cadernos do Cárcere*, 6 vols. Rio de Janeiro: Civilização Brasileira, 2001-2006.

POLÍTICA E LITERATURA   181

_____. *Cartas do Cárcere*, 2 vols. Rio de Janeiro: Civilização Brasileira, 2005.

_____. *Lettere dal Carcere*. Torino: G. Einaudi, 1973.

_____. *Quaderni del Carcere*, 4 vols. Torino: G. Einaudi, 1975.

_____. *Quaderni del cárcere*. COSPITO, G. FRANCIONI, G. (org.). Roma: Istituto della Enciclopedia Italiana, 2007, vol. 1 [*Quaderni di traduzioni 1929-1932*].

_____. *Letteratura e Vita Nazionale*. Torino: G. Einaudi, 1950.

_____. *Lettere dal carcere*, a cura di A. A. Santucci. Palermo: Sellerio, 1996.

GUGLIELMI, Guido. *Da De Sanctis a Gramsci: il linguaggio della critica*. Bologna: Il Mulino, 1976.

GUICCIARDINI, Francesco. *Opere Inedite*. Firenze: Barbera: Bianchie Comp, 1857, vol. 1.

HEGEL, Georg W. F. *Cursos de Estética 1*. Trad. Marco Aurélio Werle. São Paulo: EDUSP, 2001.

KANOUSSI, Dora. *Los Cuadernos filosoficos de Antonio Gramsci: de Bujarin a Maquiavelo*. Cidade do México: Plaza y Valdés, 2007.

LANDY, Marcia. "Culture and politics in the work of Antonio Gramsci". *Boundary 2*, vol. 14, n. 3, p. 49-70, 1986.

LA PORTA, Lelio. "Lukács, Gramsci e la letteratura italiana". *Critica Marxista*, n. 2, p. 85-96, 1991.

LEWIS, Sinclair. *Babbitt*. São Paulo: Abril Cultural, 1982.

LIGUORI, Guido. *Roteiros para Gramsci*. Rio de Janeiro: Editora UFRJ, 2007.

LO PIPARO, Franco. *Lingua intellettuali egemonia in Gramsci*. Bari: Laterza, 1979

LUPORINI, Maria Bianca. "Alle origini del 'nazionale-popolare'". In: BARATTA, G; CATONE, A. (org.). *Antonio Gramsci e il "progresso intellettuale di massa"*. Milano: Unicopli, 1995.

MACHIAVELLI, Niccólo. *Tutte le opere*. Florença: Sansoni, 1971.

_____. *O Príncipe*. São Paulo: Companhia das Letras, 2010.

MANCINI, Pasquale S. *Machiavelli e la sua dottrina politica*. Torino: Tip. Economica – Lampato, Barbieri e Comp., 1852.

MARLOWE, Cristopher. *The complete plays*. Londres: Penguin, 2003.

MARX, Karl. *A sagrada família*. São Paulo: Boitempo, 2003.

MASTROIANNI, Giovanni. *Vico e la rivoluzione. Gramsci e il diamat*. Pisa: ETS, 1979.

_____. "Gramsci, il für ewig e la questione dei 'Quaderni'". *Giornale di storia contemporanea*, vol. 6, n. 1, 2003.

_____. "Gramsci, l'edizione nazionale e altri grandi lavori". *Giornale critico della filosofia italiana*, vol. 90, 2011.

MAZZINI, Giuseppe. *Opere*. Torino: UTET, 2005.

MAZZONI, Guido. *Storia letteraria d'Italia*, vol. 9. Milano: Dr. Francesco Vallardi, 1949 [L'ottocento].

MERLEAU-PONTY, Maurice. "A dúvida de Cézanne". In: *O olho e o espírito*. São Paulo: Cosac Naify, 2004.

POLÍTICA E LITERATURA   183

MONDOLFO, Rodolfo. *La filosofía política de Italia en el siglo XIX*. Buenos Aires: Ediciones Imán, 1942.

MUSCETTA, Carlo. "L'Italia di De Sanctis e Gramsci". *Rinascita*, n. 7, p. 28-30, 1988.

_____. *Francesco De Sanctis: lo stato unitario e l'età del positivismo*. Roma-Bari: Laterza, 1978.

MUSOLINO, Rocco. *Marxismo ed estetica in Italia*. Roma: Riuniti, 1971.

OEHLER, Dolf. *Quadros parisienses: estética antiburguesa 1830-1848*. São Paulo: Companhia das Letras, 1997.

PETRONIO, Giuseppe. "Gramsci e i problemi della letteratura". In: *Gramsci e la cultura contemporanea I*. Roma: Editori Riuniti, 1975, p. 287-295.

PISANTI, Tommaso. "Cultura europea e letteratura italiana in De Sanctis". In: CUOMO, G. (org.). *De Sanctis e Il realismo*. Napoli: Giannini Editore, 1978.

PROCACCI, Giuliano. *Storia degli italiani*, vol. 2. Roma-Bari: Laterza, 1998.

RICOTTI, Ercole. *Storia della monarchia piemontese*, vol. IV. Firenze: G. Barbèra, 1869.

RUDÉ, George. *La Europa revolucionaria: 1783-1815*. Madri: Siglo XXI, 1994.

SALINARI, Carlo. "Gramsci e i problemi della letteratura". In: *Gramsci e la cultura contemporanea I*. Roma: Editori Riuniti, 1975, p. 284-286.

_____. "Letteratura e vita nazionale nel pensiero di Antonio Gramsci". *Rinascita*, vol. VIII, n. 2, p. 85-88, 1951.

_____. "Benedetto Croce critico". *Rinascita*, vol. IX, n. 2, p. 621-625, 1952a.

_____. "Il ritorno di De Sanctis". *Rinascita*, vol. IX, n. 5, p. 289-92, 1952b.

SALVATORELLI, Luigi. *Pensiero e azione del Risorgimento*. Turim: Einaudi, 1943.

_____. *Il pensiero politico italiano: dal 1700 al 1870*. Turim: Einaudi, 1949.

SAPEGNO, Natalino. "Gramsci e i problemi della letteratura". In: *Gramsci e la cultura contemporanea I*. Roma: Editori Riuniti, 1975, p. 265-277.

_____. "Manzoni tra De Sanctis e Gramsci". *Società*, n. 1, p. 7-19, 1952.

_____. *Ritrato di Manzoni*. Roma-Bari: Laterza, 1992.

SARTI, Roland. *Giuseppe Mazzini: la politica come religione civile*. Roma-Bari: Laterza, 1997.

SASSOON, Donald. *Mussolini e ascensão do fascismo*. Rio de Janeiro: Agir, 2009.

SAVARESE, Gennaro. "Introduzione". In: DE SANCTIS, Francesco. *La Giovinezza*. Napoli: Guida, 1983.

SCHIRRU, Giancarlo. "Teoria della traduzione e filosofia della prassi". Relazione al Convegno *Gramsci a setenta años de la muerte*, Cidade do México, 29 nov. -1º dez. 2007 (no prelo).

_____. "Nazionalpopolare". In: PONS, S; GUALTIERI, R; GIASI, F. (org.). *Pensare la politica*. Scritti per Giuseppe Vacca. Roma: Carocci, 2009.

POLÍTICA E LITERATURA   185

SCHLESENER, Anita H. *Revolução e cultura em Gramsci*. Curitiba: Editora UFPR, 2002.

_____. *Hegemonia e cultura em Gramsci*. Curitiba: Editora UFPR, 2007.

SCRIVANO, Riccardo. "De Sanctis tra idealismo e positivismo". In: CUOMO, G. (org.). *De Sanctis e Il realismo*. Napoli: Giannini Editore, 1978.

SECCO, Lincon. *Gramsci e a Revolução*. São Paulo: Alameda, 2006.

SKINNER, Quentin. *Liberdade antes do liberalismo*. São Paulo: Editora Unesp, 1999.

SMITH, Mack. *Storia d'Italia*. Roma-Bari: Laterza, 2005.

SVETONIO. *Vita dei Cesari*. Milano: Garzanti, 2000.

TACITO, Cornelio. *Storie*. Introduzione, traduzione e note di Mario Stefanoni. Milano: Garzanti, 2005.

TEIXEIRA, Felipe Charbel. "O melhor governo possível: Francesco Guicciardini e o método prudencial de análise da política". *Dados: Revista de Ciências Sociais*, vol. 50, n. 2, p. 325-349, 2007.

VERDO, Geneviève. "Pierre Rosanvallon, archéologue de la démocratie". *Revue historique*, n. 623, p. 693-720, 2002-2003.

VILLANI, Pasquale. "Introduzione". In: CUOCO, V. *Saggio storico sulla rivoluzione di Napoli*. Milão: Rizzoli, 1999.

VILLARI, Pasquale. *L'Italia e la civiltá*. Buenos Aires: Editorial Corinto, 1944.

VIVANTI, Corrado. "Hegemonia/ditadura". In: *Enciclopédia Einaudi*, vol. 22. Lisboa: Imprensa Nacional/Casa da Moeda, 1996.

VOZA, Pasquale. "Intelletuali". In: LIGUORI, G; VOZA, P. (org.). *Dizionario Gramsciano (1926-1937)*. Bari: Omnibook, 2009.

URBINATI, Nadia. "From the periphery of modernity: Antonio Gramsci's theory of subordination and hegemony". *Political Theory*, vol. 26, n. 3, 1998.

WELLEK, René. *História da Crítica Moderna: 1750-1950*, vol. 4 São Paulo: Herder/Edusp, 1967.

_____. "Il realismo critico di De Sanctis". In: CUOMO, G. (org.). *De Sanctis e Il realismo*. Napoli: Giannini Editore, 1978.

WOOLF, Stuart J. *Il Risorgimento Italiano*, vol. 2. Torino: G. Einaudi, 1981.

Esta obra foi impressa em São Bernardo do Campo pela Assahi Gráfica & Editora no inverno de 2014. No texto foi utilizada a fonte Adobe Garamond Pro em corpo 10,5 e entrelinha de 15,5 pontos.